西北民族大学中央高校科研业务费专项资金项目"维吾尔语言文学主干课程重点扶持教学团队"（项目编号：2017XJZDFCJXTD-03）

西北民族大学我国多民族文学诗学研究创新团队的阶段性成果（项目编号1110130101）

本书获得中国语言文学一流学科建设经费资助成果

国｜研｜文｜库

高校语文教育教学新论

阿布都外力·克热木 —— 著

光明日报出版社

图书在版编目（CIP）数据

高校语文教育教学新论 / 阿布都外力·克热木著
. --北京：光明日报出版社，2021.6
ISBN 978－7－5194－6045－7

Ⅰ.①高… Ⅱ.①阿… Ⅲ.①大学语文课—教学研究
Ⅳ.①H193

中国版本图书馆 CIP 数据核字（2021）第 078379 号

高校语文教育教学新论
GAOXIAO YUWEN JIAOYU JIAOXUE XINLUN

著　　者：阿布都外力·克热木

责任编辑：朱　宁　　　　　　　责任校对：云　爽
封面设计：中联华文　　　　　　责任印制：曹　净

出版发行：光明日报出版社
地　　址：北京市西城区永安路 106 号，100050
电　　话：010－63169890（咨询），010－63131930（邮购）
传　　真：010－63131930
网　　址：http://book.gmw.cn
E－mail：zhuning@gmw.cn
法律顾问：北京德恒律师事务所龚柳方律师

印　　刷：三河市华东印刷有限公司
装　　订：三河市华东印刷有限公司
本书如有破损、缺页、装订错误，请与本社联系调换，电话：010-63131930

开　　本：170mm×240mm
字　　数：245 千字　　　　　　印　　张：15.5
版　　次：2021 年 6 月第 1 版　　印　　次：2021 年 6 月第 1 次印刷
书　　号：ISBN 978－7－5194－6045－7
定　　价：95.00 元

目　录
CONTENTS

浅论活跃《马克思主义文学理论选讲》课程课堂教学的几种教学方法

马克思主义作为世界观和方法论的学问，是我国哲学社会科学的指导学科。马克思主义文艺理论是马克思主义学科的一个分支学科，主要研究马克思主义文艺理论的基本规律和原则。马克思主义文学理论主要研究马克思、恩格斯、列宁、毛泽东和邓小平等无产阶级领袖、革命家和思想家的文艺思想，中国和西方马克思主义文艺学研究者对马克思主义文学基本问题的研究观点。我们如何讲好和传授好这些马克思主义文学理论知识是《马克思主义文学理论选讲》课程的主要任务和内容。在传统教育理念的影响下，我们现实的课堂教学方法是单一的，课堂教学是封闭的，逐渐形成了填鸭式的灌输型教学法和学生被动接受型的学习法。新时代教育教学改革，迫切需要教师为学生构建一个以学生为中心的开放式、多元化的学习环境，使得学生积极地、主动地动脑、动手，培养学生收集和处理各种信息的能力，提高学生解决问题的意识，使学生真正学会学习。在长期课堂教学实践中，我们推行了诸如课堂试讲法、讨论法和辩论法等几种课堂教学方法，我们要从理论上系统地阐述我们的这些观点，与同行展开学术探讨，共同促进马克思主义文学理论课程教学研究。

一、课堂试讲法

课堂试讲法是一种课堂教学法，指的是给学生提前布置一些教材中的较为简单的部分，按照教学大纲和教学计划的要求，由学生备课讲课的教学方法。这一教学法具体包括提前布置、试讲要求、预习课本、查阅课外资料和做课件以及课堂试讲等具体过程：

1. 提前布置。为了给学生提供更多的准备时间，我们提前给学生布置试讲任务。根据学生的人数和课本的内容，我们选择一些适合学生教学的内容，具体分配给每一位学生。内容的难度和量度符合学生的接受能力和专业基础，不能给学生布置教学难点或疑点。一般，在学期开学之初，任课教师向学生安排试讲内容，以便学生提前准备。

2. 试讲要求。在安排学生试讲之时，我们向学生讲解和说明"怎么备课和如何试讲"的具体要求，并且向他们提供除教材之外的参考书目。我们要给学生明确地说明讲课时间和讲课步骤，一般，限定一次安排两个学生试讲，一人10分钟，两人20分钟，两个试讲者分别安排于一个大课（90分钟）的上节课和下节课两个课时段。

3. 学生讲课之前的预习。自从接到任务之后，学生提前预习课本相关章节的内容，反复阅读和理解自己试讲的教学内容，熟练地掌握自己试讲的重点和关键词。按照老师提供的课外参考书和报刊，收集相关资料，在此基础上，编写教案进行备课。

4. 做PPT课件。当代多媒体教学已得到普及，学生学会运用多媒体设备和多媒体教学课件是新时代教育教学的要求。试讲学生要对课本内容和参考文献资料进行认真筛选、组织和提炼，做一个集文字、图片、音视频为一体的多媒体教学课件。课件要避免所查阅资料的简单罗列和拼凑，以免造成教学试讲失败。教师还要督促试讲者授课前进行演练，可以帮助学生厘清讲课思路、教学的难点和重点，提出最佳讲课方式和仪态的建议，保证学生讲课的质量。

在课堂教学中，我们从两个方面可以分析试讲法对师生"教"和"学"互动的重要性。第一，试讲法为师生创造和谐宽松而良好的教学和学习环境，提高了学生教学活动的民主的参与意识。第二，师生关系得到进一步改善。教师尊重和信任学生，以自己的智慧指导和影响学生。学生也在教师引导和指导下将课本知识变成自己的智慧，学习成绩得到不同程度的提高。因此，学生自然会尊重和热爱任课教师。在教学中，教师与学生逐渐建立一种亲密、友好、合作的关系，共同促进教学。

新时代教育教学改革理念要求我们将培养学生创新精神和实践能力相结合。因此，我们要积极探索创新精神和实践能力的学习方式和教学方式，要注意培养学生科学思维能力和思考能力，鼓励学生对课本知识的质疑和对教师的超越，认可和接纳学生个性化的理解和表达，努力引导学生踊跃参与教育教学实践活动，培养他们乐于实践创新的意识和习惯。课堂教学改革并不单是学校的事，也不只是教师的事，更重要的是学生的事。要积极发挥和开拓学生的智慧才是教育教学改革的最终目的。

在课堂试讲法中，教师的中心位置向学生中心转变，教师把大部分时间让给学生。这一情况让我们产生一些疑问：是否教师的作用并不重要了？是否对教师的要求不高了？实际上，教师仍然发挥着组织者、引导者和参与者的主导作用。可以说，教师当"导演"，学生则当"演员"，教材成了"剧本"。教师作为导演，导演学生如何演角色，如何很好地表演，这是十分重要的。教师观察学生在试讲过程中的问题和困难，考虑试讲具体细节，及时提醒和帮助学生，引导和启发学生顺利完成试讲任务。教师协助学生维持课堂纪律，密切关注学生接受教学过程，发现问题和解决问题。课后，教师还要理性客观地点评学生试讲内容，补充试讲者漏掉的教学要点或是总结教学内容，加深学生对课堂要点的理解和消化。

二、课堂讨论法

课堂讨论法是一种将学生组成几个小组进行的交换意见和交流思想的教学方法。在《马克思主义文学理论选讲》课程教学中，我们采用讨论法，在课堂教学中取得了一定的教学效果。《马克思主义文学理论选讲》课中的很多理论要点或争论焦点，十分符合学生讨论的需求。比如我们针对马克思提出的物质生产与艺术生产之间的不平衡现象，可以让学生在古今中外文学艺术与物质生产的关系中寻找案例，进行深入讨论。再如我们可以把恩格斯就现实主义文学创作方法的论述作为学生课堂讨论话题，开展热烈的讨论。我们将学生分为若干小组，布置提前熟读课本、查阅资料的作业，在此基础上进行课堂讨论。在《马克思主义文学理论选讲》课程教学中，我们积极采用了讨论法，得到了一定的教学实效，具体为：

1. 讨论法调动了学生的学习积极性和课堂参与性，增强了团队合作意识。讨论法是一个集体学习与个人学习相结合的教学法。学生在学习小组里集体讨论，达成意见，发表想法，交换意见，共同提升教学质量。我们发现，这一教学法能有效增强学生之间的合作意识。当代社会，更加需要团队合作精神。讨论法在培养学生团队精神方面发挥了积极作用，学生的合作意识和团队精神也在讨论过程中得以形成和提高。

2. 讨论法提升了教师的教学组织能力、知识技能和教学水平。讨论法充满了各种教学技巧，教师需要把握教学节奏，引导学生在正常轨道上开展讨论。教师面对学生所提出的新问题和新观点需要学习和掌握，不懂的查阅课外资料自学，给学生讲解。这样一来，学生讨论促进教师知识更新，有利于教师大量阅读和学习课外相关资料，提升自己的理论水平。

3. 讨论法更新课堂教学方法，改革满堂灌的传统课堂教学法。长期以来，我国的课堂教学方法相对单一，以教师为主的课堂教学一直占据主要位置。讨论法将师生从死板的传统教学中解脱出来，将学生从条条框框中解放出来，在思想碰撞中产生一些创意，促进课堂教学方法的革新，为我国课堂教育教学改革提供新的借鉴与发展的途径。

我们在课堂教学中发现了运用讨论法之时的一些问题，需要进一步修改和完善。其一，学生就讨论法的认识和了解不够，起初进入不了讨论的状态，往往达不到预期效果。其二，学生课外阅读量不够，知识储备较薄弱，尤其是要求阅读的马列主义原著阅读任务并不是所有同学都能完成。其三，智能手机和网络对学生形成了"多输入、少输出"的被动局面。为了改进这一局面，我们采取了一些具体措施：

第一，引导学生逐步进入讨论。我们需要从一个简单话题起步，限定时间（刚开始15~20分钟），一步一步地引导学生参与讨论。教师以鼓励、表扬和肯定的方式吸引学生参与讨论，以纳入平时成绩的方式诱导学生参加讨论课。我们在基础教育阶段讨论法运用较少，学生进入大学之后，对这一新教学方法的掌握和运用需要一个适应阶段。因此，我们要耐心地进行一些训练，引导他们逐渐适应新的教学法。

第二，我们要给学生讲课堂讨论法的内涵、方式和技巧。讨论课之前，我们简要地给学生讲解了讨论课方面的基本知识，学生初步了解了讨论法的基本概念和内涵。我们以问题导向为主线，以对话的方式开展一些简短而有意义的讨论互动，令学生逐渐学会如何参与讨论活动。针对学生在实践讨论法的过程中出现的问题，任课教师及时采取一些措施，研究和解决出现的问题，从而提高学生参与讨论课的积极性。

三、课堂辩论法

课堂辩论法是就一个涉及教材内容的热门话题或焦点问题进行（分为正方和反方）集中辩论的方法。这一方法较为适合于哲学、社会科学及人文社会科学课程，不一定适合于数理化课程内容。这一教学法最大的特点是活跃课堂气氛，提高学生学习热情，强化学生思维能力，极大地激发学生的主动性。在《马克思主义文学理论选讲》课堂教学中，我们设计了"现实主义创作方法与浪漫主义创作方法哪种较好"的辩论话题，学生围绕这一话题搜集整理了很多资料，以便论证自己的观点。学生分为两个小组，一个小组3~5人，教师充当主持人，其他学生自由提问和观众点评，大家都参与其中。我们又设计了第二个辩论话题："世界对作家文学创作的作用大或小。"在第二场辩论比赛，我们要求前场没有参与辩论的学生参与辩论，依次类推，全班同学都参与辩论竞赛。辩论法改善了理论性强、概念难懂的马克思主义文艺理论课程的教学环境，提升了教学效果。这一教学法有如下几个特点：

其一，有利于激发学生的学习积极性。目前，高校课堂教学虽然取得了较好的改善，但是教学方式方法还是较为传统。教师们善用多媒体设备，充分利用课件，以PPT屏幕代替了黑板书写，但课程丰富性、趣味性和生动性方面需要进一步探讨。

其二，有利于发挥教师组织和引导的作用。在传统教育理念中，教师在教学中占主导地位。突出教师的位置，往往忽略学生的主体地位，最终教学效果往往不会理想的。如何发挥教师合理的地位，是高等教育教学中的一个难题。辩论法促进教师将课堂交给学生，发挥其引导和组织教学的作用，这是教师最为合理的教学地位。

其三，有利于课堂教学改革，提升教学效率。教育改革涉及很多领域，具体包括教育教学理念的改革、教师改革、教育体制改革、考试考核改革和教材改革。教育改革必须最终落实到教学改革，尤其是落到改进教学方法、提升教学质量的教学内涵的发展上。因此，辩论法是一个最新教学理念的教学法，能有效提升教学效果，大力促进课堂教学质量。

四、小结

《马克思主义文学理论选讲》作为马克思主义的一个分支学科，在文学艺术教学与研究中是十分重要的。本课程概念复杂，术语较多，理论性较强，课程内容对于大学生的吸引力并不强。为了提高学习效率，我们需要探索新教学理念和新教学方法，活跃课堂气氛，激发学生的学习热情，进而提高教学效果。我们在教学实践中运用了试讲法、讨论法和辩论法等多种教学方法，激发了学生学习兴趣，体现了学生学习主体地位，更新了教育教学理念，提升了教学效率。

参考文献

[1] 陈红霞.专题试讲法在高校思想政治课中的运用——以"思想道德修养与法律基础"为例 [J].经济与社会发展，2012，10（8）：154-156.

[2] 王国安，张运波，李玉学.《桥梁工程B》课堂教学方法的研究 [J].石家庄铁路职业技术学院学报，2016，15（4）：105-107.

[3] 杨润生."专题试讲"参与式教学法的实践与思考 [J].职业教育研究，2011（9）：152-153.

[4] 王彩冰.课堂讨论法在生理学教学中应用的分析 [J].右江民族医学院学报，2012，34（3）：405-406.

[5] 杨秀蔚.关于课堂讨论法的探讨 [J].科技信息，2008（11）：167-168.

[6] 曹玉民，徐建慧.试论化学教学中的课堂讨论法 [J].化学教育，1988，9（1）：12-15.

[7] 王丽娟.语文课堂阅读方法的探讨 [J].河北职业教育，2010，6（12）：128-129.

[8] 朱妮娅."全脑阅读法"及其对二语课堂阅读教学的启发 [J].海南广播电视大学学报，2008（1）：71-73.

[9] 年联军.提高课堂阅读效率方法初探 [J].科学咨询，2015（22）：85.

［10］钱梦龙. 靳家彦语文课堂阅读教学方法比较［D］. 烟台：鲁东大学, 2017.

［11］陈潭, 程瑛. Seminar 教学法、案例教学法及其课堂教学模型构建［J］. 湖南师范大学教育科学学报, 2004, 3（4）：57-59.

［12］张汉昌, 赵菡. 开放式课堂教学法研究［M］. 郑州：河南大学出版社, 2000.

［13］马继刚. 课堂教学方法与艺术［M］. 成都：四川大学出版社, 2009.

［14］中国作家协会, 中央编译局. 马克思、恩格斯、列宁、斯大林论文艺［C］. 北京：作家出版社, 2010.

《文学理论》教学重点讲授框架及其逻辑技巧

  《文学理论》是高等院校中国语言文学类专业的主干课之一。该课程是理论性强，教学难点和重点较多，学生接受和学习较为困难的一门课程。我们要从宏观讲授和微观讲授相结合的方式讲授本课程的教学重点。我们用的是童庆炳主编的《文学理论教程》（高教第四版）。从宏观的角度，会就文学理论问题从文学理论的性质和本质、文学活动、文学创作、文学文本和文学接受与批评五个方面来讲授整个文学理论内容。学生需要从五大部分宏观地把握整个文学理论教学重点，同时学习和掌握五大部分的具体教学要点和教学重点。因此，我们将按照文学理论的性质和本质、文学活动、文学创作、文学文本和文学接受与批评五个部分讲授《文学理论》教学难点和教学要点。

一、文学理论的性质和本质

  我们首先要了解和解释文艺学、文学活动、文学理论、文学批评和文学史等概念。文艺学是研究文学及其规律的学科。文学活动是把文学理解为一种活动，由作品、作家、世界、读者等要素组成，是人类的一种高级的特殊的精神活动。文学理论是对文学的原理、文学的范畴和判断标准等问题的研究。其与文学批评和文学理论构成文艺学学科。文学批评是以文学理论所阐明的基本原理概念、范畴和方法为指导，专门地去具体分析和评论一个个作家、作品。文学史是一门以研究主流文学为对象的，厘清并描述文学演变过程，探讨其发展规律的学科。文学理论的学科归属问题是文学理论研究中的一个关键问题。文学理论是文艺学中的三个分支之一，与其他分支有密切的联系，它通过对文学问题的审视，侧重于研究文学中一般性的普遍规律，它力图指导、制约其他分支的研究。从对象任务上看，文学活动作为人类的一种精神活动，它有一个历史发展过程，它是随着时代的发展而发展的，显示出不同历史阶段的特征。它作为人类的一种特殊的精神活动，从总体上来研究文学活动区别于其他活动的特殊性质。社会生活是一切种类的文学艺术的源泉，经过作家的艺术创造，成为文学文本。研究作品的构成因素和相互关系，文本一定要经过阅读、鉴赏和批评。从学科特点上看，具有实践性和自身独特的价值取向。

文学理论根据文学创作—文学作品—文学接受和文学创作—艺术价值—文学消费，分为文学哲学、文学社会学、文学心理学、文学符号学、文学价值学、文学信息学、文学文化学七种基本形态。

那什么是马克思主义文学理论？马克思主义文学理论是马克思主义整体中的有机组成部分，是马克思、恩格斯在批判地继承德国古典哲学、美学、文艺学的基础上创立的。中国特色社会主义的文学理论必须以中国特有的历史文化和现实经验作为土壤去培植马克思主义文学理论，必须吸收中国传统的文学理论遗产，寻求马克思主义文学理论与中国传统文学理论的结合点。当代文学理论必须在研究中国当代文学发展情况的基础上，概括当代社会主义文学实践的新经验，回答当代社会主义文学运动提出的新问题，必须面对20世纪西方文论的挑战。随着科学的发展，20世纪出现了许多新的思想，诸如符号学、解释学、现象学、价值学、信息论等。马克思文学理论的基石是文学活动论。马克思主义首先把文学理解为人的一种活动，并建立了"文学活动论"。文学艺术活动作为人的精神性的生活活动，是人的本质力量的对象化，人的本质力量的一部分通过文学艺术的创造和欣赏展现及外化出来。文学是作为主体的人的能动的创造，它塑造人，是一种"人学"。文学反映论是马克思主义从哲学的存在与意识的相互理论出发，把文学活动看成一种文学反映现象。文学活动的四种理论视角分别以文学活动的四个要素为依据：从作品角度出发的本体论（形式主义），从作家角度出发的接受论（接受美学主义），从世界角度出发的再现论（现实主义），以及从读者角度出发的表现论（浪漫主义）。

马克思主义在文学起源上的"劳动说"是十分合理的理论观点。一是劳动提供了文学活动的前提条件：人类的生产活动是一切其他基本活动的前提，这一方面在于人要满足基本生存需要后才能从事其他活动，另一方面在于人就是在这种生产活动中生成的。二是劳动产生了文学活动的需要，人的活动都伴随着一个自觉的目的，而这一目的又是源于某种需要而设定的。史前人类在劳动中，为了协调行动，交流情感信息，缓解疲劳等，就由这些需要产生了语言和最初的文学。三是劳动构成了文学描写的主要内容。远古遗存的作品中大都描写了当时人们的劳动生活，劳动制约了早期文学形式，早期的文学形式同劳动过程直接相关，所以是诗、乐、舞三位一体的结合体。

二、文学活动教学的思考

马克思主义的文学活动论从历史唯物主义和辩证唯物主义的观点考察了文学运行规律。文学的含义是什么？简言之，文学是一种语言艺术，是话语蕴藉中的审美意识形态。文学的两种含义包括文化含义和审美含义。文化含义是指一切口头或书面语言行为和作品，包括今天的文学，以及政治、哲学、历史、宗教等一般文化形态。审美含义是指具有审美属性的语言行动及其作品，包括诗、散文、小说、剧本等。现在通行的含义是审美的语言作品。当然文学的含义是变化发展的，怎样理解文学的审美意识形态属性？文学作为审美意识形态的表现形式之一，已成为具有无功利性、形象性和情感性的话语与社会权力结构之间的多重关联域。文学作为审美意识形态，在无功利、形象、情感中隐含功利、理性和认识。

什么是话语？话语是一种具体的社会存在形态，是指与社会权力关系相互缠绕的具体言语方式。审美意识形态是指与现实社会生活密切缠绕的审美表现，其集中形态是文学、音乐、戏剧、绘画、雕塑等艺术活动，不是审美与意识形态的简单相加，而是指在审美表现过程中审美与社会生活状况相互渗透、交融的状况。

什么是话语蕴藉？怎样理解文学的话语蕴藉属性？

话语蕴藉是指文学活动的蕴蓄深厚而又余味深长的语言与意义状况，表明文学作为社会话语实践蕴含着丰富的意义生成可能性。进一步看，文学作为话语蕴藉，有两层含义：第一，整个文学活动带着话语蕴藉属性。第二，在更具体的层次上，被创造出来以供阅读的特定文本带有话语蕴藉属性。文学的审美意识形态属性表现有三种代表性观点：（一）无功利与功利。文学是无功利的，但这种无功利又间接地指向某种功利。确切地说，无功利是直接的，功利是间接的。直接的无功利性是实现间接的功利性的手段。这一点正从目的的层面上显示了文学的审美意识形态属性。（二）形象与理性。文学形象是直接的，但在深层又具有某种理性。这是文学的审美意识形态属性在表现方式层面的显现。（三）情感与认识。在文学中，审美情感是直接的，理性认识则是间接的，直接的审美情感的深层往往隐伏着间接的理性认识。这说明，文学的属性不是单一的，而是双重的。

社会主义文学活动具有主导性与多样性特点。社会主义的文学活动在社会主义时期各种不同层次的文学活动中居于主导地位，社会主义文学活动的主导地位并不排斥其他有益无害的文学活动。社会主义文学活动不应是单调的、模式化的、概念化的、公式化的，而应该是主导性的、多样性的。

社会主义文学塑造的社会主义新人形象是体现时代精神和人民审美理想的具有新颖生动的个性和丰富多样的性格内涵的社会主义革命者、创业者和建设者形象，他们是有血有肉、内心世界丰富的文学新人。"百花齐放，百家争鸣"是著名的双百方针，是发展和繁荣社会主义时期科学文化及文艺事业的一个根本性方针。艺术上的不同形式和风格可以自由发展，科学上不同的学派可以自由争论。社会主义文学以马克思主义的立场、观点和方法，对文学加以整理、区分、思考、分析，取其精华，去其糟粕，在继承优秀文学传统的基础上，根据新时代的审美需要进行艺术的革新和改造。人民性是社会主义文学活动的主要特征。作家同人民保持"血肉"联系，植根于人民生活，自觉从人民的生活中吸取题材、主题、情节，用人民创造历史的奋发精神丰富自己，服务于人民。社会主义时期文学活动的基本属性指的是社会主义的意识形态性，以马列主义、毛泽东思想、邓小平理论、"三个代表"重要思想、科学发展观和习近平新时代中国特色社会主义思想为指导，坚持工人阶级及其先锋队共产党的领导地位，维护和巩固社会主义经济基础及社会主义时期文学活动的主导性、层次性和多样性。怎样认识社会主义时期文学活动中的"雅"与"俗"问题？"雅"与"俗"，从字面上看，一个是高雅美好，一个是平凡通俗。文艺作品是适应人类的精神需要而创作出来的。雅与俗是相对的，俗中有雅，雅中有俗，并且不断变化，相互转化。衡量文艺作品价值高低的标准，要看它是否满足人民群众日益增长的审美需要，并为人民群众所赏识。对于这个问题，要正确对待、积极引导。从满足人民群众日益增长的审美需要出发，大力发展高雅严肃的艺术的同时，重视引导通俗文艺的健康发展。弘扬优秀民族文化传统对于建设有中国特色的社会主义新文学的意义。弘扬优秀的民族文化传统，要批判地继承，有助于我们正确地借鉴，并根据新时期的审美需要，进行艺术的革新和创造。

三、文学创作过程的理论教学

我们要了解文学创作的主客体、文学创作过程和文学创作的价值取向等问题。文学创作是一种特殊的精神生产。精神生产指的是人类为了取得精神生活所需要的精神资料进行的对于自然、社会的观念活动。艺术生产指的是马克思从社会生产活动的角度，把艺术活动称作"艺术生产"，将其与科学、哲学、政治、法律、道德、宗教等活动一起列入"精神生产"的范畴。文学创作的客体主要有两种解释，一种是客体即"自然说"，认为文学的客体是地理与人之外的自然。这里的"自然"最初指客观存在的自然界，后来泛指社会生活。另一种是客体即"情感说"，认为文学客体是人的心灵，是情感。我们认为社会生活是文学创作的客体。文学创作的主体是存在于艺术生产活动中的艺术生产者，是美的体验者、评价者和创造者，是具体的社会人。

文学创作作为一种精神生产，与物质生产的关系如何？从社会生产活动的角度看，文学创作是一种生产。马克思在《政治经济学批判·导言》中把艺术活动称为艺术生产。物质生产是人类最基本的生产方式，是社会存在的基础，也是历史发展的基本动力。精神生产的产生和发展，始终是以物质生产为前提和基础的，从属于物质生产或直接为物质生产服务。精神生产总是受到物质生产普遍规律的支配，并随之发展。文学创作与科学有着本质区别。科学活动的特点是揭示客体的本质，它通过理性思维力求如实地把握世界的客观规律，把直观和表象加工成概念、范畴的活动，目的在于获取关于客观世界的真理知识，以满足人的理性需要。文学活动则是通过人对世界的情感体验、感受和评价，力求表达主体对世界的主观感受和认识，并将这种感受和认识传达给别人，以满足自己和他人的情感需要。其生产成果主要体现为作家的情绪、情感的形象、形态，科学认识的因素在文学创作及其作品中已被情感化、诗意化及审美化了。

我们要进一步讲授文学创作的发生阶段、发展阶段和写作阶段。文学创作的发生阶段包括材料的积累、艺术发现、创作动机等内容。材料是文学创作的第一要素，也是研究文学创作的第一起点。艺术发现是作家被内在积累的素材所引发，并与主体当前由于某种"关注"而形成的心理趋向、优势兴奋中心相联系，突然间向外在事物、事件、现象的投射。创作动机是驱使作家投入文学创作的一股内在动力。

文学创作的发展阶段的教学内容包括艺术构思、灵感、直觉、知觉、想象、综合、突出、简化、变形和陌生等因素。艺术构思是作家在材料积累和艺术发现的基础上，在某种创作动机的驱动下，通过回忆、想象、情感等心理活动，以各种艺术构思方式，孕育出完整的、呼之欲出的形象序列和中心意念的艺术思维过程，是创造过程中最实际、最紧张、最重要的阶段。灵感是创造性思维过程中认识发生飞跃的心理现象。它的外在形态是围绕某一主题线索在思考中突如其来的顿悟。它来临时的突出特征是非预期性和转瞬即逝性，不及时捕捉就难以再现。直觉的本义是指视线、外形，是省略了推理过程而对事物的底蕴或本质做出的直接了解和揭示。综合指的是围绕某种中心意念，以心智的功能加工、改造许多旧材料，使之糅合成一个能够体现自己意图的完整的有机的艺术形象的构思过程。突出指的是作家在构思时从纷繁芜杂的思绪中抓住一个形象，调动各种材料加工手段为其服务，使之明确、清晰、与众不同的构思方式。简化是指作家故意少说几句，略去具体细节而抓住主干，形神兼备地传达出形象的大致轮廓与内在精髓的构思方式。变形是指作家在构思中极大地调动想象力与创造力，以违反常规实力创造形象的方式。陌生化是指作者或人物似乎都未见过此事物，不得不以陌生的眼光来如实地描写它，以消解"套版反应"进而使读者产生某种新奇感的构思方式。

文学创作的写作阶段即物质化阶段，包括纸质化写作阶段的变异、即兴和推敲等内容。是指作家因受某一外在刺激或内在冲动的作用下兴致会来临，在文字操作过程中迅速地创造出某作品的状况，特点是趁热打铁。推敲是指作家在语言文字操作过程中反复选择单词、调动语序，以求准确地把形象或意念具体化的操作手段。

　　文学创作审美追求指的是艺术真实、艺术概括、情感评价、人文关怀、艺术形式以及"真、善、美"追求的教学问题。艺术真实是指作家在假定性情境中，以主观性感知与诗意性创造，达到对社会生活的内蕴，特别是那些规律性的东西的把握，体现着作家的认识和感悟。艺术概括就是作家依据自己的体验和认识，以主体的审美价值追求能动的介入方式，对富有特征的事物给予独特艺术处理，从而在主体与客体相统一的基础上，创造既具有鲜明的独特个性又具有相当普遍意义，体现着一定审美价值取向的艺术形象之方法。情感评价是文学的本质属性和文学创作的必然要求，它作为一定的价值取向，内隐着人的政治、经济、文化、伦理、宗教和审美等社会性需要与态度，以及由此诸多因素形成的对社会生活的心理体验和判断。人文关怀是一种崇尚和尊重人的生命、尊严、价值、情感、自由的精神，它与关注人的全面发展、生存状态及其命运、幸福相联系。艺术形式指的是语言材料及各种艺术手段的有机结合，是艺术内容的组织、生成与呈现，是艺术文本的存在形态，是文学审美价值的实现方式。

　　在文学创作中，"真、善、美"与"艺术真实""情感评价""形式创造"是教学的重点。文学作为认识活动，以内在尺度创造艺术真实，要点是求"真"，体现为"历史理性"。作为审美活动，文学创作情感的评价对象，核心是尚"善"，体现为"人文关怀"。最终，文学创作还要按照美的规律进行形式创造，为情感评价所把握的艺术真实"造形"，使之成为艺术文本，境界是呈"美"，体现为"文学升华"。总而言之，"真、善、美"是文学创作的价值追求。艺术真实的主要特征：与生活真实不同，艺术真实以假定性情境表现对社会生活内蕴的认识和感悟；与科学真实不同，艺术真实对客体世界的反映具有主观性和诗艺性。艺术概括的价值意义指的是，艺术概括是以对特殊的极富有特征的事物的观照和描述为途径，通过对"特殊"的观察、比较、思索而造成的"个别"与"一般"的统一。正是由于作家的这种在对"特殊"的描述中，体现着审美价值追求的观照和描述中实现"个别""一般"相统一的艺术概括能力。实现"个别"与"一般"相统一是一个艺术提炼的过程。作家充分调动自己的生活经验与情感经验，对其所观照和描述的"特殊"进行挖掘、提炼、补充和改造。情感评价的高尚品格及功利取向与文学尚"善"的审美价值追求的关系表现为情感评价中的价值取向，体现为真、善、美。高尚品格与功利取向就是善的价值追求。文学作品对表现对象的情感态度高尚与否，归根到底是以是否有利于社会进步与人生幸福为价值标准的。只有具备高尚品格与正确的功利取向的文学作品才是优秀的文学作品。情感评价的诚挚情态及艺术呈示之含义：所谓诚挚的情态，是指文学作品的情感评价属真情而非假意，不是"无病呻吟"，是作家对生活的深刻体验；艺术的呈示，即把情感评价寄寓于"境"的创造之中，并与"理"的诠释相交融，是文学审美价值实现方式。人文关怀是"善"的终极价值体现的原因：人文关怀是一种崇尚和尊重人的生命、尊严、价值、情感、自由的精神，它与关注人的全面发展、生存状况及其命运相联系。人的一切精神创造都是从人的需要出发的价值活动，体现着人的尺度和目的，因而"以人为本"的价值理念就成为人类一切创造活动的出发点和归宿。而文学的价值追求也是以人为中心的。所以人文关怀是善的终极价值体现。文学作品中的人文关怀与历史理性之间的关系：作家是在对社会生活的规律性的认识和描述中寄寓人文关怀的，因而其对人的生命、尊严、价值、生存状态及未来命运的深情关注，同历史理性血肉般地联系在一起。两者你中有我，我中有你，或者换一种说法："历史理性存在着人文的维度，人文关怀存在着历史的维度。"是真与善两个价值取向的交会。而作家完全有权利而且能够在不同的历史理性视点上去展现人文精神。作家各有自己的艺术个性，历史理性又是个多侧面多层次的巨大的意蕴空间，在文学创作中，作家完全有权利依据自己的艺术个性让人文精神在特定的历史视点上展现。

四、文学文本教学重点

我们讲授文学的类型、文学体裁、文学结构、文本层次和文学风格等问题。文学有三种类型，具体为：现实型文学是一种侧重以写实的方式再现客观现实的文学形态，基本特征是再现性和逼真性；理想型文学是一种侧重以直接抒情的方式表现主观理想的文学形态，它的基本特征是表现性和虚幻性；象征型文学是一种侧重以暗示的方式寄寓审美意蕴的文学形态，基本特征是暗示性和朦胧性。文学体裁也有五种基本文体样式：第一是诗，是一种语词凝练、结构跳跃、富有节奏和韵律、高度集中地反映生活和表达思想感情的文学体裁。第二是剧本，是一种侧重以人物台词为手段，集中反映矛盾冲突的文学体裁。第三是小说，是一种侧重刻画人物形象，叙述故事情节的文学样式。第四是散文。广义的散文，既包括诗歌以外的一切文学作品，也包括一般科学著作、论文、应用文章；狭义的散文即文学意义上的散文，是指与诗歌、小说、剧本等并列的一种文学样式，包括抒情散文、叙事散文、杂文、游记等；文学散文是一种题材广泛，结构灵活，注重抒写真实感受、境遇的文学体裁。第五是报告文学，是一种在真人真事基础上塑造艺术形象，及时反映现实生活的文学体裁。

　　然后讲授现实型、理想型、象征型文学与现实主义、浪漫主义文学的关系问题。随着文学的不断发展，理想型、现实型和象征型文学得以独立充分地发展，也出现了各种文学思潮与文学运动，浪漫主义、现实主义和象征主义文学也分别称为理想型、现实型和象征型文学的典型形态。

　　现实型与理想型文学的意义就在其形象自身，而象征型文学突出文学形象的意义的超越性。现实型文学是通过对生活现象的直接描绘反映现实，理想型文学往往以直抒胸臆的方式表现情感态度，而象征型文学则偏以间接的方式去暗示客观规律和主观感受，象征型文学淡化具体时间与空间，突出了朦胧性。

　　我们讲授文学中典型、特征化、意境、意象、文学言语、文学形象和文学审美特征等教学内容。典型作为文学形象的高级形态之一，是文学言语系统中显出特征的富于魅力的性格，在叙事性作品中又称典型人物或典型性格。特征化是作家抓住生活中最富有特征性的东西，加以艺术强化、生发的过程。意境是指抒情性作品中呈现的情景交融、虚实相生的形象系统及其所诱发和开拓的审美想象空间，也是文学形象的高级形态之一。文学意境的特征情景交融是意境创造的表现特征。情景交融包括景中藏情式、情中见景式和情景并茂式。虚实相生是意境创造的结构特征，韵味无穷是意境的审美特征。审美意象与一般的意象的不同之处：一般意象以再现生活为目的和以抒情为目的，而审美意象是以表达哲理观念为目的的。审美意象的基本特征有：审美意象的本质特征是哲理性，表现特征是象征性，形象特征是荒诞性，思维特征是抽象思维的直接参与，鉴赏特征是求解性和多义性。意象是指以表达哲理观念为目的，以象征性或荒诞性为其基本特征，在某些理性观念和抽象思维的指导下创造的具有求解性和多义性的达到人类审美理想境界的表意之象。文学言语是特殊的言语系统，与一般言语有明显的不同，除了形象性、生动性、凝练性、音乐性等特点外，文学言语还具有内指性。而普通言语是外指性的。文学言语指向文本中的艺术世界，文学言语具有心理蕴含性。普通言语侧重运用语言的指称功能，而文学言语更注重表现功能，文学言语具有阻拒性。文学形象的特征包括文学形象是主观与客观的统一、是假定与真实的统一、是个别与一般的统一和是确定性和不确定性的统一。文学典型的审美特征有文学典型的特征性，文学典型必须具有贯穿其全部活动的，统摄其整个生命的"总特征"。文学典型还必须通过局部"特征"，反映和形成总特征。文学典型的艺术魅力：文学典型的艺术魅力应当是来自性格显示的一种生命的魅力，更来自它所显示的灵魂的深度。典型人物与典型环境的关系：典型性格是在典型环境中形成的。典型环境不仅是形成人物性格的基础，而且逼迫着人物的行动，制约着人物性格的发展变化；典型人物也并非永远在环境面前无能为力，在一定条件下它又可以对环境发生反作用；典型环境与典型人物的关系还有相互依存的一面，失去一方，另一方也就不复存在。

我们将作品称为文学文本，将其分为叙事性作品和抒情性作品。叙事性作品包括神话、传说、民间故事、史诗、民间叙事诗、小说、话剧等多种文体。我们给学生讲述什么是叙事、什么是叙事类作品及其特点。叙事是讲故事的艺术，叙事学指的是研究叙事艺术的理论和批评方法。事件是由所叙述的人物行为及其后果构成，是最小的叙事单位。叙述类作品可分为表层结构与深层结构，叙事作品是一种话语系统，它的内部结构可以从两个向度进行分析。首先是历时性向度，即根据叙述的前后顺序研究句子与句子、事件与事件之间的关系，一般文艺理论中所讲的结构主要是指这种历时性向度的结构关系；其次是共时性向度，研究内容中各个要素与故事之外的文化背景之间的关系。前者为表层结构，后者称之为深层结构。行动功能项与角色：功能项的意思是说人物是推动故事情节发展的行动要素，角色的意思是指具有形象和性格特征的人物。叙述文本时间与故事时间："文本时间"也可称为"叙事时间"，它是故事内容在叙事文本中具体呈现出来的时间状态，是作者对故事内容进行创作加工后提供给读者的文本秩序；"故事时间"是指故事发生的自然时间状态，是故事内容中虚构的事件之间的前后关系。行动逻辑基本形式是下列三段序列，可能性—变为现实—取得结果。叙述视角是指作品中对故事内容进行观察和讲述的角度，特征通常是由叙述人称决定的。如何理解叙事的特征？叙事的内容是社会生活事件过程，即人的社会行为及其结果。叙事的兴趣不在于精致的人或物，而在于动态的事件，即人的行为及其造成的后果，它的认识价值就在于显示了社会生活的发展变化过程及其意义。叙事是话语的虚构，叙事文学用话语来虚构艺术世界。情节与事件的关系是怎样的？情节是按照因果逻辑组织起来的一系列事件，而且在事件的发展中表现出人物行为的矛盾冲突，由此而揭示人物命运的变化过程。叙事作品的行动序列的形式有首尾连接式、中间包含式和左右并联式。叙事节奏与时间有关系。不同的时距可以影响叙事速度向两个方向变化：一是变快，故事时间长而文本时间短，即用相对简短的话语叙述较长的时间里发生的事件；二是变慢，就是用较长的文字来叙述短时间里发生的故事。第三人称叙述的特点是无视角限制；第一人称叙述焦点移入作品中，成为内在式焦点叙述，可产生身临其境的逼真感觉；第二人称叙述是第三人称叙述的一种变体，使读者与叙述接受者之间距离拉大。

我们了解叙事类作品之后，要讲授抒情类作品及其基本成分、特点和范围。一般而言，歌谣、抒情诗、散文都属于抒情类作品。抒情是一种审美表现，需要适度的意识控制与思维参与，需要创造有序的话语组织形式、偏于表现个人内心感情的文学类型。抒情性作品是指以表现作者个人主观情感为主、偏重审美价值的一类文学作品。抒情话语是一种表现性话语。节奏是抒情性作品的重要表现手段，它是指一种有规律的、连续进行的完整的运动形式。隐喻修辞方法是比喻的一种，表明喻体与本体的相似关系，不用喻词。象征是以具体事物间接表现思想感情的修辞手法。

在文本部分之中，我们要讲述文学风格的问题。文学风格是指作家的创作个性在文学作品的有机整体中通过言语结构所显示出来的，能引起读者持久审美享受的艺术独创性。创作个性是指作家气质禀赋、思想水平、艺术才能等主观因素综合而成的习惯性行为方式，是在日常个性的基础上经过审美创造的升华而形成的独特的艺术品格，是文学风格的内在根据，支配着文学风格的形成和显现。风格是作品的内容形式经创作个性的有机整合后所呈现的独特的艺术风格和格调，创作个性是风格的灵魂。一般而言，风格的简分法是将风格分为"刚"和"柔"两大类。文学的时代风格指的是作家作品在总体特色上所具有的特定时代的特征，它是该时代的精神特点，是审美要求和审美理想在作家作品中的表现。流派风格是指一些在思想感情、文学观念、审美情趣、创作主张、取材范围、表现方法、语言格调方面相近的作家在创作上所形成的共同特色，是一种群体文化的表现。我们如何正确理解"文如其人"与"风格即人"的观点？把风格看作作家的创作个性在作品中的自然流露，这是从主体角度来理解。这种风格观从作家的气质禀赋、人格个性和志趣才情等方面来把握风格的特征，具有言语分析所不及的一面，无疑是必要的。所以"文如其人""风格即人"。文学风格与创作个性的关系：创作个性属于文学风格的主观方面，在与客观方面结合之前，它只是潜在于作家的内心，当它与实践和客观结合，便成为风格的有机组成部分，创作个性是文学风格形成的内在根据。为什么说"风格是文体的最高范畴和体现"？风格不等同于语体和体裁，它使文本焕发出作家个性的光彩，以其独特性使读者感到亲切和惊异，它给某一文体的僵硬躯体里注进生机，获得了艺术生命。文体特色和言语组织是风格呈现的外部特征；文学有自己的地域风格，不同地域有不同的文化。作家的文学风格必然渗入地域文化的因素。地域文化与自然环境、社会环境密切相关，地域文化的差异也必然导致地域风格的差异。

五、文学接受与批评的教学知识重点

我们要讲授最后一个部分——接受美学与文学消费。文学消费泛指文学阅读活动。文学传播是泛指文学作品的出版与流通，准确地说是文学生产者借助一定的物质媒介和传播方式为物质载体，从而将文学信息或文学作品传递给文学接受者的过程。文学接受是以文学文本为对象，以读者为主体，力求把握文本深层意蕴的积极能动的阅读和再创造活动，使读者在审美经验基础上对文学作品的价值、属性或信息进行的主动选择、接纳或抛弃。文学欣赏指的是具有一种意识的、膜拜的、静观的或审美的性质的读者阅读活动。文学接受的审美属性：文学作品从感官感受、情绪情感和思想深度方面吸引、感染、震撼读者并给读者带来精神愉悦、人格自由和心灵净化的价值属性。文学接受的认识属性指的是文学作品通过语言文字描写生动的艺术形象，反映社会生活的各个方面，揭开自我人性的丰富本质，因而具有一种为读者提供认识社会生活与人类

自身真相的价值属性。文学接受的价值诠释属性指的是文学接受具有一种多方面满足读者进行文化价值阐释、品味或全凭兴趣的属性。文学接受的交流属性指的是文学作品作为一种审美的社会话语作品，具有增进人们的彼此了解、沟通与交流的属性。文学消费与文学生产有密切关系。文学生产规定着消费，生产为消费提供消费对象，规定消费方式需要。文学消费也制约着文学生产，文学消费决定着文学生产的最后完成，制约着文学生产的方式和规模，体现为文学生产的目的和动力。文学传播方式对文学生产与消费有何影响？文学传播方式是作家创作与读者消费之间的中介和桥梁，使文学欣赏成为广大平民阶层的精神生活需要，也使读者迅猛增加，使依附于作家的观念形态的文学文本取得了物质外壳。文化市场对文学生产与消费的意义：文化市场促使文学生产与消费之间的联系，艺术生产者要按文化市场的需求安排生产，有助于艺术生产力的大解放，使艺术资源得到合理配置，促进艺术的多文化市场的竞争机制推动艺术家对文艺观念和写作方法的探索。为什么说文学消费既是一种商品消费，又是一种特殊的精神产品消费？

因为文学具有商品消费的一般性质，而文学作品是特殊的精神产品，主要满足人们的精神生活需要。文学消费者所支付的货币只能与凝聚在文学产品的物质化生产过程中的劳动消耗相等价，文学作品具有超时代性，具有再创造的性质。文学消费与文学接受既有区别又有联系。文学消费具有物质消费和精神消费二重性，文学接受则纯属一种精神文化范围内的活动；文学消费包括阅读行为和未含阅读行为的消费行为，而文学接受是一种阅读或欣赏的精神活动，文学消费与文学接受的主客观条件不同；文学消费研究具有综合的多视角的特点，而文学接受研究则偏重于审美经验或艺术心理这一独特视角。

文学接受是一种审美体验活动。文学作品渗透着作者本人对社会生活的认识和情感态度。在阅读作品时，读者可以由于沉浸到虚构的文学世界中而忘怀现实，从而获得一种精神上的愉快和解放感，也可由于意识到现实生活与文学世界的某种差异而震惊、警醒，从而产生新的情感体验。文学在一定意义上起源于人类模仿和求知的本能，文学作品通过语言文字描写生动的艺术形象，反映社会生活各个方面，揭示自我人性的丰富本质，使读者认识社会生活与人类自身价值，为读者提供了一条了解世界、丰富生活经验、洞悉人生真谛的有效途径。

　　怎样理解文学接受是一种价值诠释活动？文学作为一种文化蕴含丰富的、文化信息密集的文化价值产品，无论对于创作者还是读者，都有其自身的价值。文学的价值阐释来源于文学作品深刻的人文关怀，文学创作目的是寻觅或回答某种人生价值、真义和真谛。读者往往从自己的主观兴趣出发，并通过对作品的解读来与作家对话，以寻求或建构自己希望的文化价值，从而使自己更有意义地生活。怎样理解文学接受是一种审美交流活动？审美交流活动表现在读者与作者的交流，读者与作品中人物角色的交流，读者与其他读者的交流，以及读者与作品所描写的整个自然、社会以及全人类的交流。文学交流活动是平等亲密的艺术主体之间的审美情趣的共鸣、审美智慧的碰撞、审美体验的融合，是内在心灵之间的沟通、自由个性之间的乃至彼此全身心的相互拥抱和拥有。

　　我们要给学生较为系统地讲授读者美学理论。我们从文学接受的发生、发展和高潮三个阶段来讲授读者阅读接受基本过程。读者文学阅读接受的第一阶段包括读者期待视野、接受心境、接受动机和隐含的读者等基本概念。读者期待视野指的是在文学阅读之前及阅读过程中，作为接受主体的读者，基于个人与社会的复杂原因，心理上往往会有既成的思维指向与观念结构，读者的这种据以阅读文本外的既成心理图式，叫作期待视野。它分为文体期待、形象期待和意蕴期待三个层次。读者的阅读期待视野是在生活实践和文化教养形成的世界观与人生观，即读者在长期的社会生活中形成的审美趣味、情感倾向、人生追求、政治态度等，它要求读者有一定的文学艺术素养和特定的生理机制。接受心境指的是在现实生活中，人们总处于一定的情绪状态，在文学阅读活动开始时，这种生活中的情绪状态不可能截然中断，会伴随读者进入阅读过程，影响阅读效果，这种情绪状态就叫接受心境。如何理解接受心境与接受效果之间的关系？情绪状态不同会导致不同的阅读境界，而且在实际阅读过程中，接受心境也会随阅读过程的展开而得以改变，两者相互作用。文学接受的主要动机：审美动机、求知动机、受教动机、批评动机、借鉴动机。隐含的读者是指作家本人设定的能够把文本加以具体化的预想读者。隐含的读者的形成原因有作家的创作动机、作家赋予文本的思想内涵、作家的选材及文体特点三方面。

　　文学接受的发展阶段有填空、对话、兴味、变异、误解、审美挫折等一系列概念。我们从这些概念的讲解来传授这一领域基本知识。文学接受为审美需要填空、对话与兴味，孤立的文学作品需要经过读者的再创造成为自为的。作为审美对象的第二文本，因为文学文本中的文字符号，必须经过读者的想象、体验，才能还原为可以构成的审美形象。文学作品主要使用描述性语言，有着明显的模糊性和不确定性，文学作品的接受，只有伴随着读者在文学符号基础上展开的想象才能进行。文学接受活动中为什么会产生异变？因为有读者的再创造，即由于填空、对话、兴味的介入，阅读中的彻底还原是不可能的。正误指读者的理解虽与作者的创作本意有所抵牾，作品本身却显示了读者理解的内涵。反误是读者自觉或不自觉地对文学作品进行的穿凿附会的认知与评价，包括对作品非艺术视角的歪曲等。误解是读者的理解与作者创作动机、作品意蕴相悖，这是必然现象。误解分正误与反误。正误是有积极意义的，不失为一种值得肯定的有效阅读方式，而反误，包括穿凿附会甚至歪曲，能导致对文学艺术的损伤及至粗暴践踏。作品出人意料会造成期待遇挫，能诱使读者进入一个超越于自己期待视野的新奇的艺术空间之中，读者可能会因期待指向的暂时受遏而不适，但很快又会为豁然开朗的艺术境界而振奋，体验到文学作品的艺术魅力，但完全遇挫会大大减少作品的魅力。我们从共鸣、净化、领悟和余味等视角来讲授文学接受的过程。共鸣指的是在阅读时，读者为作品中的思想感情、理想愿望及人物的命运遭际所打动，从而形成的一种强烈的心灵感应状态。净化指的是继共鸣之后而不由自主地达到的调节精神、排遣情绪、去除杂念和提升人格的状态。领悟指的是潜思默想、洞悉宇宙奥妙、体悟人生真谛、提升精神境界的状态与过程。延留指的是继共鸣、净化和领悟后继续留存于脑际并使其不断回味的状况。

文学批评是文学理论中一个重要的理论问题。我们从文学批评的定义、分类及其特点进行文学作品研究。文学批评作为文学理论的重要内容和文学活动的重要组成部分是批评主体按照一定的理论思想和批评标准，对批评对象进行分析、鉴别、阐释、判断的理性活动，表达着批评主体的立场观点和价值取向。文学批评大致分为传统文学批评和现代文学批评。伦理道德批评、社会历史批评和审美批评都属于传统文学批评。伦理道德批评是以一定的道德意识及其由之而构成的伦理关系作为规范来评价作品，以善、恶为基本范畴来决定对批评对象的取舍。社会历史批评强调文学与社会的关系，认为文学再现生活，并为一定的社会历史环境影响所形成，因而文学作品的主要价值在于它的社会认识功用和历史意义，基本原则是分析、理解和评价作品。审美批评指的是着眼于文学作品的美的构成及其审美价值，着重强调作品的"畅神""移情"效果和娱乐、愉悦作用，把文学作品看作在真善美基础上又超出了真善美，因而是"超功利"的一种审美对象。

现代文学批评包括心理学批评、语言学批评、文化批评、后现代结构主义批评、女性批评等一系列新批评模式。心理学批评指运用现代心理学的成果来对作家的创作心理及作品人物心理进行分析，从而探求作品的真实意图，以获得其真实价值的批评。语言学批评指的是运用语言学对文学作品进行理解、分析和评价的一种批评方法。文化批评指的是在解读甚至审读文本的前提下"联系"文学外部诸文化现象的批评，尤其是联系权力文化关系的批评。

传统批评模式与现代批评模式的区别：传统批评模式有伦理道德批评、社会历史批评、审美批评；现代批评模式为心理学批评、语言学批评、文化批评。现代批评模式是在原有模式的基础和理论上发展与创新发展起来的，比传统批评模式更完善，从各种角度对文学作品进行分析、评价。

怎样理解文学批评的意识形态性质？从批评对象来说，作为主要对象的文学作品，都是精神创造的产物，都是一种意识形态话语，所以文学批评必须对文学作品的意识形态价值做出评价。从文学批评的效能来说，文学批评也表现为一种意识形态评价。为什么说美学的观点和历史的观点是马克思主义批评的总原则和方法论？因为它既反映了文学作为意识形态的普遍规律，又体现了文学这种特殊的意识形态。一切文学作品都是审美作品，因而应当用美学的观点加以审视和评价；一切作品又都是一定历史条件下社会关系的产物，是建立在一定经济上的社会意识形态，就必须有历史观点。微观的艺术解析，具体的思想评价及深中肯綮的高下得失的判断，只能在美学的和历史的宏观视野下才可能达到应有的准确尺度，发挥批评应有的效能；美学和历史的观点制约着各种具体批评中的价值取向和方法原则。思想标准是用来评价作品思想性的，较为突出地体现了文学批评的意识形态性质的三个基本点：一是就作品与社会生活的关系考虑其是否具有高度的真实性；二是就作品与作家的关系考察其是否具有进步的倾向性；三是从作品影响人们的特殊途径考察作品是否具有积极健康的情感性。艺术标准是用来评价作品艺术性的，问题构成的完美性、形象创造的鲜明性、意蕴表现的深刻性，是它的基本内涵。在具体的批评实践中，思想标准与艺术标准是密切联系的。

参考文献

1. 童庆炳. 文学理论教程 [M]. 北京：高等教育出版社，2009.

2. 童庆炳. 文学理论教程 [M]. 北京：中国人民大学出版社，2010.

3. 童庆炳. 文学理论要略 [M]. 北京：人民文学出版社，2001.

4. 陶东风. 文学理论基本问题 [M]. 北京：北京大学出版社，2005.

5. 朱立元. 接受美学 [M]. 上海：上海人民出版社，1989.

6. 王一川. 文学理 [M]. 北京：北京大学出版社，2011.

《中国现代文学》课程教学要点的讲授逻辑

我们要讲授的《中国现代文学》跨度 32 年（1917—1949）的时间。我们分为 1917—1927 年间的文学、1928—1937 年间的文学和 1937—1949 年间的文学三个历史时期，分阶段地讲授《中国现代文学》课程的教学内容。虽然《中国现代文学》这一段的文学史较短，但内容十分丰富，代表作家、代表性作品颇多，需要一个先后教学逻辑，以便取得更好的教学效果。我们讲授各个历史阶段的主要文艺思潮、主要文人及其代表性成果。

一、1917—1927 年间的文学

首先，我们要讲授 1917—1927 年间的文学思潮问题，重点介绍文学革命、五四运动和文学社团等内容。文学革命开始于 1917 年，它是晚清文学改良运动在新的历史条件下的发展。梁启超、黄遵宪等人发起了诗界革命，梁启超倡导了小说界革命和文界革命等白话文运动。1915 年 9 月陈独秀主编的《新青年》创刊，标志着新文化运动开始。《新青年》反对旧思想旧道德、提倡新思想新道德，思想启蒙运动如火如荼地展开。1917 年 1 月，胡适发表《文学改良刍议》，2 月，陈独秀发表《文学革命论》，文学革命由此兴起。钱玄同、刘半农纷纷响应，周作人《人的文学》《平民文学》确立了文学革命的方向，鲁迅《狂人日记》的发表，震惊文坛。陈独秀的《文学革命论》提出文学革命的"三大主义"，从内容和形式两方面提出文学改革主张，他的态度比胡适更为坚决。在《本志罪案之答辩书》中，陈独秀表明了鲜明的政治及文学立场。文学革命是一场彻底反封建旧文学、提倡新文学的革命，它实现了文学内容和形式的双重革

新，使中国文学从禁锢束缚状态走向开放，开创了中国文学一个崭新的时代。

这一历史时期，先后成立了文学研究会、创造社、新月社、语丝社和湖畔社等一大批文学团体，为中国现代文学的形成打下了坚实的基础。1912年文学研究会成立，是文学革命后出现的第一个新文学社团，也是最重要的一个社团，其主要文学主张是积极提倡"为人生"的文学和现实主义文学的创作，对新文学产生了巨大影响。1921年创造社成立，是文学革命中出现的最大的浪漫主义社团。它在文艺思想上倾向于浪漫主义，提倡文学无目的论，反对文学的功利主义。1925年后，创造社转向提倡革命文学。1923年成立的新月社也是一个浪漫主义的社团。1926年，徐志摩、闻一多在《晨报副刊·诗镌》上提倡新格律诗，提出"三美"主张，后被称为新月诗派，他们使中国新诗走上了较为严谨的发展道路。

其次，我们重点地介绍和讲授这一历史时期的作家鲁迅、叶绍钧、郁达夫，诗人郭沫若、闻一多和徐志摩，周作人、冰心、朱自清和剧作家丁西林等人的生平和创作及其代表性成果。

鲁迅（1881—1936）作为中国现代文学的主要开创人之一，我们重点地介绍其生平和创作现象。鲁迅，原名周树人，浙江绍兴人。家道中落的身世使他从小便体味到世态炎凉。早年受达尔文进化论影响较深。1902年赴日学习，1909年回国。作文言小说《怀旧》。1912年，到教育部工作。1918年，参与编辑《新青年》。同年发表中国第一篇现代白话小说《狂人日记》。在《新青年》上发表"随感录"。五四时期是鲁迅战斗和创作的第一个高峰期。1924—1926年，是战斗和创作的第二个高峰期。他支持学生运动，发起和领导了语丝社、莽原社、未名社等新文学团体。因时代的剧变而进入苦闷、彷徨期。1926年南下，和共产党联系，开始实现从进化论到阶级论、从革命民主主义到共产主义的飞跃。1927年定居上海，阅读并翻译了马克思主义著作。1930年参与发起成立"左联"，粉碎国民党文化"围剿"，迎来战斗写作的第三个高峰期。毛泽东在《新民主主义论》中高度评价了鲁迅，指出鲁迅的方向就是中华民族新文化的方向。

我们要讲授《呐喊》和《彷徨》两部小说集。《呐喊》作为鲁迅第一本小说集，我们讲授了其中的《狂人日记》和《阿Q正传》。我们要讲《狂人日记》

的主题与人物形象，这是要求学生重点掌握的内容。《狂人日记》中的"狂人"是一个具有现代意识的封建社会叛逆者，一个清醒的启蒙主义者的形象。《阿Q正传》的思想艺术成就很高。未庄是旧中国农村的缩影。阿Q则是辛亥革命时期农民的典型。他的主要性格特征是精神胜利法。精神胜利法的形成有复杂的社会根源。阿Q的悲剧在客观上也揭示了辛亥革命的历史教训。《彷徨》中的妇女形象如祥林嫂、爱姑、子君的悲剧，一方面说明封建礼教对女性的摧残与重压，一方面又说明脱离社会改革，妇女个人的抗争与奋斗都是徒劳的。《彷徨》中的知识分子形象涓生、魏连殳、吕纬甫是近代社会的先觉者，作品一方面表现了他们奋斗中的孤独，另一方面也显露出他们的自私颓废。

鲁迅一生的散文创作成绩在杂文体裁上较为突出，共创作杂文17本。鲁迅前期杂文的特点在对封建性旧文明、旧道德的批判，探索和研究国民性问题，暴露和批判国民劣根性等方面得以体现。《野草》和《朝花夕拾》代表鲁迅进入了一个探索和彷徨期。《野草》既有彷徨、苦闷、寂寞情绪，又着重表现了战斗精神、追求精神、牺牲精神。艺术表达上以象征主义为主，以创造有物质感的形式来表现复杂的内心感受。语言精致，具有音乐美、绘画美的特点。《朝花夕拾》的思想内容和艺术特色：强烈的反封建精神和对封建教育、封建道德、封建顽固派的批评，艺术上融叙事、抒情、议论为一炉，文笔朴实优美。

在小说创作方面，我们还介绍了叶绍钧（1894—1988）和郁达夫（1896—1945）的小说创作。叶绍钧小说特点体现在对生活冷静的观察和客观描述、小市民和知识分子形象的塑造和结构研究及布局合理等方面。他的长篇代表小说《倪焕之》描写了知识分子从辛亥革命到大革命失败这一时期的遭遇，是其代表作。郁达夫小说创作以其"抒情小说"著名，性的苦闷和生的苦闷是他小说创作的两个特点。他的小说创作主观抒情较多，结构散文化，文笔诗意化。[①] 郁达夫小说的思想内容：其一，突出表现了五四青年对个性解放的追求和被挤出生活轨道的"零余者"的悲哀；其二，鲜明地表达了爱国主义和人道主义的情怀；其三，颓废的气息，色与欲的描写。郁达夫小说的艺术风格：第一，"自叙传"色彩；第二，感伤的抒情的浪漫主义情调；第三，结构的散文化倾向；第

四，清新流丽的文笔。

这一历史时期，我们主要介绍郭沫若（1892—1978）、闻一多（1899—1946）和徐志摩（1896—1931）等诗人的生平。郭沫若，四川乐山人，原名郭开贞，"沫若"是笔名。1914 年留学日本，1921 年 8 月出版《女神》。1923 年回国，陆续出版了《星空》《瓶》《前茅》等诗集和自传体小说"漂流三部曲"。1924 年翻译河上肇的《社会组织与社会革命》，开始接受马克思主义。1926 年南下广州，向无产阶级革命文学倾斜。1928 年去日本，在《中国古代社会研究》一书中，在中国历史研究上第一次提出奴隶社会的问题。1937 年回国，先后写下《屈原》等六部历史剧。新中国成立后担任科学文化等方面的领导工作。《女神》写作于五四时期，是中国现代白话新诗的奠基作。《女神》是"五四"狂飙突进精神的典型体现，其思想内容有个性解放的强烈要求、反叛与创造精神的歌唱和爱国情思的抒发三个方面。《女神》从内容和形式上都给新诗树立了榜样。《女神》是一部带有强烈主观抒情性的浪漫主义杰作。但不足之处在于其过于强调感情的自然流露而忽略了外部形态的必要节制。《星空》是五四退潮期的作品。《前茅》写于创造社成立到诗人回国初期。爱情诗集《瓶》是"五卅"前的产物。大革命失败后诗人又创作了《恢复》，表达自己对于革命复兴的坚定信念。《恢复》堪称中国无产阶级的第一部诗集。①

闻一多是提倡"音乐美、绘画美和建筑美"的新格律诗的诗人。我们主要介绍闻一多的两部诗集《红烛》和《死水》。闻一多诗歌的艺术性和思想性都很高，爱国主义思想十分深刻。徐志摩是"新月"诗派的最有代表性的诗人。徐志摩共有《志摩的诗》《翡冷翠的一夜》《猛虎集》《云游集》四部诗集。徐志摩诗的内容：其一，追求光明与自由的理想；其二，反映社会现实生活；其三，描写爱情体验；其四，歌咏大自然。后期作品则表现出颓唐失望的叹息，怀疑颓废的思想，流露出较浓厚的消极悲观倾向。艺术上他的诗构思精巧、意象新颖、韵律和谐和富于音乐美。

这一时期散文创作方面，我们主要讲周作人（1885—1967）、冰心（1900—1999）和朱自清（1898—1948）三位文人。周作人散文可以分为"浮躁凌厉"

---

① 李明军. 中国现当代文学［M］. 西安：陕西师范大学出版社，2010：56.

和"冲淡平和"两种类型。[①] 其散文情感含蓄，笔法轻松，间接老练。[②] 冰心是五四时期最引人注目的女作家。她在小说、诗歌、散文三个创作领域都产生了很大的影响。冰心的散文创作成就更高。冰心散文文笔是优美亲切、富有童心和温情的。朱自清，字佩弦，江苏东海人。他创作有《雪朝》《踪迹》《背影》《欧游杂记》《你我》《伦敦杂记》《标准与尺度》等。《背影》《给亡妇》和《荷塘月色》都是中国现代散文史上的名篇。朱自清散文创作有真挚深厚的情感、情思交融的意境刻画、缜密精巧的构思和清幽细密的语言等特色。

在戏剧方面，丁西林（1893—1974）是一位风格独特的戏剧家。我们介绍和讲授丁西林的《一只马峰》《亲爱的丈夫》《酒后》《压迫》和《北京的空气》等多部独幕剧。丁西林独幕剧构思精巧，语言机智、幽默、简洁而富于温情。

二、1928—1937 年间的文学

我们这一部分主要介绍 1928—1937 年间的文艺思潮和这一时期的代表小说、诗人和剧作家及其代表作。我们在文艺思潮部分主要讲授无产阶级革命文学运动与中国左翼作家联盟成立情况。

首先，我们要讲授无产阶级革命文学运动兴起的原因。倡导无产阶级革命文学的主要团体是创造社和太阳社。创造社主将有郭沫若、成仿吾、冯乃超、阳翰笙等。太阳社有蒋光慈、钱杏邨、洪灵菲等。无产阶级革命文学倡导者强调文学的阶级性及工具性，作家要树立无产阶级意识。其次，我们介绍中国左翼作家联盟。1930 年，左联成立于上海，这是左翼文学的统一战线组织，主要刊物为《北斗》《萌芽》。其主要贡献有推动左翼文学发展、重视理论批评、研究传播马克思列宁主义文艺理论、开展文艺大众化运动、开展文艺思想论争和重视培养文学青年。最后我们讲授文艺思潮的论争。我们先后为学生介绍左翼文艺阵营与"民族主义文学派"的斗争、无产阶级革命文学思潮与自由主义文学的论争和"论语派"的论争。

---

① 李明军. 中国现当代文学［M］. 西安：陕西师范大学出版社，2010：62.
② 李明军. 中国现当代文学［M］. 西安：陕西师范大学出版社，2010：63.

第二部分，我们将介绍这一时期的代表作家及其作品。在小说创作方面，我们主要介绍了茅盾、老舍、巴金和沈从文等作家的小说创作。首先，我们主要介绍茅盾及其革命现实主义巨著《子夜》以及主人公吴荪甫。茅盾（1896—1981）是中国现当代文学史上的主要作家、文学评论家和社会活动家。《子夜》以 20 世纪 30 年代初的大都市上海为背景，以民族工业资本家吴荪甫和买办金融资本家赵伯韬之间的矛盾为主线，通过民族资本家吴荪甫的破产，形象而深刻地表现了 30 年代中国社会半封建半殖民地的性质。① 吴荪甫是 30 年代初期具有时代特征和个性特征的民族资产阶级的典型形象。其次，我们介绍小说家巴金及其代表作《家》。巴金（1904—2005），中国现当代文学史上的著名作家、翻译家和社会活动家。《家》写了一个家族的兴衰史，揭示了封建家庭的没落。作者在《家》中塑造了高觉新和高觉慧人物形象。高觉新是塑造得最为成功的、思想和性格比较复杂的典型形象。他与两个弟弟觉民、觉慧的性格迥然不同。觉新处在新旧交替的历史时期，在封建礼教的熏陶下成长，又处在长房长孙的特殊地位，来自各方面的压力和束缚使他逐渐形成了逆来顺受、任人摆布的懦弱性格。再次，我们介绍老舍及其代表作《骆驼祥子》。老舍（1899—1960），中国现当代文学史上的著名作家、小说家和人民艺术家。老舍的优秀现实主义长篇小说《骆驼祥子》以旧中国二三十年代军阀统治下的北京为背景，真实而深刻地描写了外号叫"骆驼"的人力车夫祥子，幻想通过个人奋斗摆脱低下屈辱的社会地位而最终失败的悲剧故事，成功地塑造了一个社会地位低微的城市个体劳动者的典型形象。最后，我们介绍小说家沈从文（1902—1988）及其代表作《边城》。这一小说为人们描绘了一个美轮美奂的湘西边城小镇，故事与大自然风景、民族风俗和人物性格巧妙地结合，形成了沈从文独特的小说风格。

在诗歌、散文和戏剧创作方面，我们分别介绍和讲授戴望舒的诗歌创作、林语堂的散文创作和曹禺的话剧创作。戴望舒（1905—1950）是一名浪漫主义诗人，1928 年发表的《雨巷》，是诗人的成名作。这首诗描绘了抒情主人公"我"的理想与现实之间的复杂多变的心理。戴望舒的诗具有奇幻美、象征色彩和音乐美的艺术特征。林语堂（1895—1976）是一个多产作家和学者。他的散

---

① 李明军. 中国现当代文学［M］. 西安：陕西师范大学出版社，2010：91.

文创作题材丰富繁杂，文化散文色彩浓郁，语言幽默，艺术性较高。曹禺（1910—1996）是中国现代杰出的戏剧家，著有《雷雨》《日出》《原野》《北京人》等著名作品。《雷雨》是他的代表性作品。此剧以1925年前后的中国社会为背景，描写了一个带有浓厚封建色彩的资产阶级家庭的悲剧。剧中以两个家庭、八个人物、三十年的恩怨为主线，伪善的资本家大家长周朴园，受新思想影响的单纯的少年周冲，被冷漠的家庭逼疯了和被爱情伤得体无完肤的女人繁漪，对过去所作所为充满了罪恶感、企图逃离的周萍，还有意外归来的鲁妈，单纯地爱与被爱的四凤，受压迫的工人鲁大海，贪得无厌的管家等，不论是家庭秘密还是身世秘密，所有的矛盾都在雷雨之夜爆发，在叙述家庭矛盾纠葛、怒斥封建家庭腐朽顽固的同时，反映了更为深层的社会及时代问题。

三、1937—1949 年间的文学

我们要讲授这一历史时期的文学运动和文学思潮及这一历史时期的代表作家及其作品。

1938年3月27日，中华全国文艺界抗敌协会在武汉成立，《抗战文艺》作为会刊。文协的成立，对推动文艺大众化起了相当大的作用。这一时期文学思潮的主要特点是重视文学的大众化、民族化，现实主义文学是抗战文学主潮。

我们为学生重点地讲授《在延安文艺座谈会上的讲话》，讲话涉及解决作家队伍的思想面貌、作家与大众的关系、文学的普及与提高等问题。《在延安文艺座谈会上的讲话》提出了文艺为人民大众服务的方向，从生活、思想、艺术三方面论述了创造人民文艺的必需的途径，从理论上解决了新文学发展的关键问题。延安文艺座谈会后，解放区文艺出现了新秧歌运动，大批作家深入生活，出现了一批主题和题材新、人物新的作品。

此次文代会在北平召开，标志着文学由现代进入当代。这一时期文艺思潮，我们主要讲解文艺与抗战关系的论争、"讽刺与暴露"问题的论争、"战国策"派批判和民族形式的论争等内容。并简要介绍40年代的现实主义诗歌流派——"七月诗派"和"九叶诗派"，及其主要成员艾青、田间、绿原与穆旦、辛笛、陈敬容等人情况及其创作风格。

第二部分，我们要介绍和讲授小说、诗歌、散文和戏剧方面的代表作家及

其创作。在小说创作领域，我们介绍赵树理、丁玲、张爱玲和钱钟书等作家及其代表性作品。赵树理（1906—1976）是我国熟悉农村、热爱人民的杰出作家。他的《小二黑结婚》是这一时期的代表作。这一小说描写了新一代农民小二黑与小芹自由恋爱的故事，塑造了两位人物形象。小说在民族化、大众化方面显示出独特的艺术风格。① 丁玲（1904—1986）是现当代文学史上一个重要女作家。《太阳照在桑干河上》是丁玲的代表作，是中国现代文学史上反映土地改革的长篇小说。这一小说深刻而全面地反映了当时土改斗争的艰巨性和复杂性，塑造了众多丰满复杂的人物形象。地主钱文贵形象刻画得十分成功。② 这是无产阶级革命文学的一个艺术典范。张爱玲（1920—1995）是一个出身于名门望族的女作家。张爱玲小说取材于婚恋关系、两性关系，塑造了一系列悲剧性女性人物形象。张爱玲小说将纯文学与通俗文学的优点相结合，形成了"一洋一古，非中非西"的特色。③《金锁记》和《倾城之恋》是她的代表性小说。钱钟书（1910—1998）是学者型作家，其代表作《围城》是一部优秀小说作品。这一部小说以主人公方鸿渐为中心，围绕他的命运遭遇，塑造了一群知识分子的形象。小说的风格讽刺、人物心理描写得细致、善于细节描写且语言简洁、新奇和传神动人。④

诗歌创作方面，我们介绍诗人艾青和穆旦。艾青（1910—1996）是一位十分刻苦的诗人，他的抒情诗《大堰河——我的保姆》塑造了一位苦难、平凡的母亲形象。《雪落在中国的土地上》是他的另一首代表性的诗作。这是抒发诗人爱国主义情怀的优秀诗作。艾青诗具有自然美、朴素美、韵律感和节奏感。穆旦（1918—1977）是"中国新诗派"的代表诗人之一。穆旦的诗主题独特，艺术特色鲜明。思维的现代化、艺术的现代化和语言的现代化，是穆旦的诗的艺术特色。⑤

散文方面，我们介绍梁实秋（1902—1987）的散文创作。梁实秋的《雅舍

① 李明军. 中国现当代文学 [M]. 西安：陕西师范大学出版社，2010：146-147.
② 李明军. 中国现当代文学 [M]. 西安：陕西师范大学出版社，2010：148-149.
③ 李明军. 中国现当代文学 [M]. 西安：陕西师范大学出版社，2010：152.
④ 李明军. 中国现当代文学 [M]. 西安：陕西师范大学出版社，2010：156-157.
⑤ 李明军. 中国现当代文学 [M]. 西安：陕西师范大学出版社，2010：168-170.

小品》（1939）是其代表性的散文。梁实秋散文具有艺术性、哲理性强和意境深等特点。

戏剧创作方面，我们介绍郭沫若的《屈原》和《白毛女》。《屈原》是郭沫若这一历史时期的历史剧。《屈原》在一场正义与邪恶的决战中全力塑造了屈原的崇高形象。剧中的屈原是一个伟大的爱国者和卓有远见的政治家，也是一个古代的人文主义者。郭沫若塑造的屈原形象，是反抗强权、捍卫民族利益的志士形象，在当时有着强烈的现实意义。

《白毛女》是一部多幕歌剧，故事发生在抗日战争时期，主要以贫农杨白劳及其女儿喜儿的不幸遭遇为主线，描写了地主黄世仁逼迫娶喜儿为妾之后，喜儿逃出黄家，隐匿在山洞，最后被中国共产党和八路军拯救了的故事。这一故事突出了"旧社会把人变成鬼，新社会把鬼变成人"的主题。① 歌剧《白毛女》是我国歌剧史上的一个优秀代表，这一歌剧的成功，标志着我国歌剧已确定了自己的独特发展道路。

总之，《中国现代文学》课程的讲授逻辑遵循着历史纵向发展原则，介绍和讲授从 1917 年至 1949 年之间的各个历史阶段的小说、诗、散文和戏剧创作，重点地讲授各个历史阶段的文艺思潮、文学创作和代表性作家及其作品。我们以突出要点、分析特点和归纳重点为原则，给学生全面而系统地介绍中国现代文学史的整体轮廓及其发展规律。

参考文献

1. 李明军. 中国现当代文学 [M]. 西安：陕西师范大学大学出版社，2010.

2. 谢冕，洪子诚. 中国当代文学作名精选 [M]. 北京：北京大学出版社，2004.

3. 严家炎，孙玉石. 中国现代文学作品精选 [M]. 北京：北京大学出版社，1996.

---

① 李明军. 中国现当代文学 [M]. 西安：陕西师范大学出版社，2010：175.

论《中国文化概论》课程的知识点教学脉络

　　《中国文化概论》是中文类专业的一门专业选修课，随着党中央领导对弘扬和传承优秀传统文化遗产的重要论述，很多高校文学院或中文系将这一门课程改为专业必修课。我认为，这一门课的知识点多，内容异常丰富，给学生讲授主要知识点应有一个教学的逻辑，否则达不到理想的教学效果。以前，张岱年和方克立主编的《中国文化概论》（北京师范大学出版社，1994）是很多高校的教材。这一教材是由上编历时纵论、中编共时论述和下编提炼总论三个部分组成的，结构合理，层次分明，逻辑性强。我们下面以这一教材的教学内容为中心，提出自己的思考和想法。

　　我们首先给学生讲授什么是文化。在世界学术界，文化的定义有一百多种，但文化的实质性含义是指人化或人类化，即人类主体通过社会实践活动，适应、利用、改造自然界客体而逐步实现自身价值观念的过程。其体现既有自然面貌、形态、功能的不断改观，也有人类个体与群体素质的不断提高和完善。那么，文化结构的四层次包括哪些内容？对文化的结构解剖，有两分说，即分为物质文化和精神文化；有三层次说，即分为物质、制度、精神三层次；有四层次说，即分为物质、制度、风俗习惯、思想与价值。还有六大子系统说，即物质、社会关系、精神、艺术、语言符号、风俗习惯。

　　我们对文化的概念有清楚的认识和了解之后，我们要教授和学习中国文化的历史发展过程。首先了解我国地理环境西高东低、北寒南暖的基本地理气候特征。然后学习历史上哪些地理因素对中国文化的形成和发展产生过较大的影响。第一，黄河中下游一带是中国历史上人类生存和繁衍的最适宜地区，在古代中国占主导地位的传统文化，无论是物质的，还是精神的，都是建立在农业生产的基础上的，它们形成于农业区，也随着农业区的扩大而传播。农业文明对中国文化的延续性起了很大的作用。第二，地理环境对中国文化多样性的影响主要表现为地理障碍对人类活动特别是交通运输的影响。不同的地理环境与物质条件，形成了不同人群的不同生活方式与思想观念，受到了不同程度的外来文化影响。第三，地理障碍对文化的传播有很大的影响，也使中国的不同地区所受的外来文化影响和影响程度各不相同。第四，地理环境对开放与封闭的影响是相对的。首先，不存在绝对的开放或封闭的地理环境；其次，在不同的生产力条件下，影响的程度是不同的；最后，自然地理环境也不是决定开放与否的唯一条件，海洋并不是开放的唯一途径。第五，中国历史上确实长期缺乏开放的动力，但从某种意义上说，根本的原因并不是地理阻隔，而是中国的地理条件过于优越。

我们了解了地理为文化提供了生存的土壤，然后讲授了中国文化赖以生存与发展的经济基础。中国传统社会的农耕经济有哪些特点？中国农耕经济体制下的经济成分是多元化的，从纵向讲，它始终保留着各个历史发展阶段的经济成分；从横向讲，它是与自给自足的自然经济联系在一起的。中国的农耕经济并不仅仅是农业生产，它还包含着手工业、商业等多方面的经济成分。到了封建社会晚期，商品性农业和为市场而生产的手工产品更在农家经济中占据重要地位。以农耕经济为主的中华文明是一种主张和平自守的内向型文化。它决定了中国的海洋贸易不可能是向外扩展的外向型经济，而是一种内敛型经济。海洋贸易仅仅是农耕经济的一种补充形式而已。

接着我们要讲授中国文化根植的社会制度。在宗法制度影响下中国传统社会结构的特征是什么？宗法制度影响下中国传统社会结构的特征有四：一是家天下的延续，一部中国史，就是一部家族统治史；二是封国制度不断；三是家族制度长盛不衰；四是家国同构。中国君主专制制度有些什么特点？中国君主专制制度的特点有四：一是以武力为先导，控制宗教势力，专制时间漫长；二是经济基础稳固，土地国有和自给自足的小农经济维护了专制者的统治；三是君主专制中央集权走向极端，以皇帝与以丞相为首的百官共同决策的机制逐步被皇帝独断所取代；四是对人身控制严密。中国传统社会政治结构对中国文有何影响？一是社会结构的宗法型特征导致中国文化形成伦理型范式。其正面价值是使中华民族凝聚力增强，注重道德修养，成为礼仪之邦；其负面影响是使三纲五常的伦理说教，"存理灭欲"修身养性和排外心理等成为中国文化健康发展的障碍。二是中国社会结构的专制型特征导致中国文化形成政治型范式。其正面价值是造就了中华民族的整体观念、国家利益至上的观念和民族心理上的文化认同。三是宗法与专制相结合。在政治上表现为儒法合流，在文化上反映为伦理政治化和政治伦理化，突出地表现为内圣外王的心态，即修身齐家治国平天下的人生理想和追求。

我们要讲授中国传统文化历史及其发展脉络。

春秋战国时期的"百家争鸣"在中国文化史上处于什么样的地位？

百家争鸣是指春秋战国时期知识分子中不同学派的涌现以及各流派争芳斗艳的局面。所谓"诸子百家"，其主要有儒家、墨家、道家和法家。其次有阴阳家、杂家、名家、纵横家、兵家等。百家争鸣是中国教育思想史和学术史上空前繁荣和极为活跃的一次盛会。史学教育家孙培青先生称"春秋战国时期的百家争鸣及其思想成果，堪称中国思想学术发展的重要源泉"。百家争鸣同时也反映了当时社会激烈和复杂的政治斗争，主要是新兴的地主阶级和没落的奴隶主之间的阶级斗争。春秋战国时期的百家争鸣是我国学术发展的重要阶段，为以后中华文化的发展奠定了基础并决定了方向。我们现在所处的社会主义所推崇的传统文化就是百家争鸣的思想精华。秦朝所采用的治国思想是法家的思想，从汉朝开始确立了儒家思想的正统地位，以后各朝都以儒家为正统的思想。法家、儒家都是百家中的大家。百家争鸣为各朝代的统治者提供了各种治国思想，也开辟了多元文化的先河。可以说，百家争鸣的精华部分的组合是我国文化发展的源泉。百家争鸣的影响一直贯穿于整个历史发展的进程，虽然自汉开始，儒家逐渐被立为正统，此后历代都以儒为主流，但是百家争鸣的思想依然存在，只不过是融合进儒家的思想当中去了。随着改朝换代的历史进程，儒家思想不断完善自身。为了符合统治者的治国需要，儒家思想必须不断地补充新的内容，而这些内容绝大多数是从百家争鸣的精华中取得的。可以说，儒家的思想是百家争鸣的一个浓缩。综上所述，百家争鸣自出现的时代起一直到现在，其所产生的影响都是不容忽视的，2000多年中国古代文化学术发展的道路、特点及其中的各种问题、思想都可以从先秦百家争鸣中追溯到源头。可见，百家争鸣在中国文化中是起着基础性作用的。

儒学是怎样崛起而成为中国传统文化的主流意识形态的？它对中国文化的影响如何？

其一，社会大变革为思想家们发表自己的主张提供了历史舞台。由于战争不断，在战争中衰败的诸侯大臣们，他们蓄养的家庭文人乐师流落四方，促使了学术下移，形成了从"学在官府"到"学在四夷"的转变，因而形成了诸子百家。诸子百家纷纷著书立说，广收门徒，互相争辩。儒学就是在这个时候兴起的。其二，礼崩乐坏的社会大动荡使士阶层迅速崛起。士阶层的崛起意味着一个以"劳心"为务，从事精神生活创造的专业文化阶层从此形成。在周代，统治者分为四个等级——天子、诸侯、卿大夫、士，士是处于最底层的统治者。到了春秋战国时期，士取得了独立的地位，再加上诸侯争霸，渴求人才，养士之风大盛，更助长了士阶层的声势，为儒学造就了大量的人才。其三，儒学的思想是仁政，符合当时的时代要求，有利于统治阶级维护其统治。其四，竞相争霸的诸侯列国尚未形成统一的文化观念。而儒学为统治阶级所用，为其打击其他学术提供了有利的条件。其五，宫廷儒学文化官员周游列国，走向民间，推动了私人学术集团的兴起。守旧而又维新，复古而又开明，这样一种二重性的立场，使得儒家学说能够在维护礼教伦常的前提下，一手伸向过去，一手指向未来，在正在消逝的贵族分封宗法社会和方兴未艾的封建大一统宗法社会之间架起了桥梁，进一步促进了儒学的蜂起。儒学诞生于诸子群起、学派林立的年代，儒学与其他学说既对立又互补，相辅相成，互相激荡，从客观上推动了中国文化的发展。儒学思想的精华，更是促进了后代多家思想的兴起，崛起一股股新的文学思潮。

试比较唐代文化与宋代文化有何不同，并思考唐宋间文化转型的社会经济原因。

所谓唐型文化，是一种相对开放、外倾、色调热烈的文化类型，李白的诗，张旭的狂草，吴道子的画，无不喷涌奔腾着昂扬的生命活力。昭陵古雕中雄伟健美、神采飞扬的"八骏"更是透露出大气磅礴的民族自信。而宋型文化则是一种相对封闭、内倾、色调淡雅的文化类型。这一时期的各种文化样式无论是哲学、文学、艺术还是社会风气，都在不同程度上浸润着宋型文化的特有气质。究其原因，唐朝的建立是经过几百年的战乱后，人口数量急剧减少，土地大量荒芜。再加上当时的民族成分复杂，思想较为自由，所以多种思想可以百家争鸣。国家的环境较为稳定，所以当时社会的思想还是比较开放，文化较为有活力的，对于变革也看得很开。而宋朝，人口已经很多了，而且儒家思想已经基本确立，民族较为单一。随着人口的增加，思想的单一，宋朝的文化也日趋保守。人口的增加，使得国家必须将重点放在统治人民，保证人民正常的生活上，而对于变革则始终持否定的态度，因为面对如此庞大的人口，任何小变革都不是小事情。所以才有了儒家思想的标榜，儒家思想反而在影响民族文化，于是就产生了宋朝的文化，从而影响了中国1000年。"安史之乱"引发了潜藏已久的种种危机，以杨炎两税法的财政改革为法律标志，中国封建社会经济结构发生了巨大变迁。土地国有制——均田制崩解，庶族地主经济与小自耕农经济迅速发展，直到占据社会经济的主体地位。与社会政治、经济格局变迁的大势相呼应，中国文化从唐型文化转向宋型文化。

明清文化与以往比较出现了哪些新的因素？第一，空前严厉的文化专制，突出表现在文字狱的盛行，文化专制主义空前强化，程朱理学占统治地位；第二，早期启蒙思潮；第三，古典文化的大总结，开始对中国传统科技进行总结。

文化交流与文化融合在中华文化的形成和壮大中起了什么作用？

中国文化不仅在内部各族文化的相互融会、相互渗透中得到发展，而且在与外部世界的接触中，先后融合中亚游牧文化、波斯文化、印度佛教文化、阿拉伯文化、欧洲文化。中国文化系统或以外来文化做补充，或以外来文化做复壮剂，使整个肌体保持着旺盛的生命力。外域文化系统也在与中国文化的广泛接触中汲取营养、滋润自身的肌体。

试析"西学东渐"和"东学西渐"的文化功能。

一种文化既有其民族性，又有时代性。一个民族自己创造文化，并不断发展，成为传统文化，这是文化的民族性；一个民族创造了文化，同时在发展过程中它又必然接受别的民族的文化，进行文化交流，这就是文化的时代性。民族性与时代性有矛盾，但又统一，缺一不可。继承传统文化，就是保持文化的民族性；吸收外国文化，进行文化交流，就是保持文化的时代性。所以文化的民族性与时代性这个问题是贯彻始终的。为了保持文化的时代性，自 20 世纪以来，出现了一种提倡"全盘西化"的观点。"全盘西化"和文化交流有联系。现在，整个社会，不但在中国，而且在全世界，都是西方文化占垄断地位。这是事实，眼前哪一样东西不是西方文化的？电灯电话，楼上楼下，我们穿的从头顶到鞋，全是西方化了。这个西化不是坏事情。"西化"要化，不"化"不行，创新、引进就是"化"。但"全盘西化"不行，不能只有经线，没有纬线。"全盘西化"在理论上讲不通，在事实上办不到。我们不能只讲西化，不讲"东化"。"东化"，报纸上没有这个词儿，是我发明的。我们知道，汉唐的时候，是"东化"的。因为世界的经济中心、文化中心当时在中国。在明末清初以前确实有过"东学西渐"。不能只重视"西学东渐"而忽视"东学西渐"。根据历史事实，在中西文化交流史上，"东学西渐"从来就没有中断过。中华文化的博大精深吸引了西方传教士、外籍华人、留学生、商人的注意，并通过他们广泛传播到世界各地。在文化交流方面，中国是一个很有特色的国家。从蒙昧的远古起，几乎是从一有文化开始，中国文化中就有外来文化的成分。中国人向来强调"有容乃大"，不管是物质的，还是精神的，只要对我们有利，我们就吸收。海纳百川，所以成就了中国文化之大。中外文化的交流，一直没有中断过。

我们了解中国文化总体发展脉络之后，继续讲授中国文化的本体因素和内容，如语言文字、文学艺术、科技教育、伦理道德和宗教信仰以及哲学思想等内容。

首先，我们要讲授汉语汉字的特点及其在世界语言文字中的地位。

在世界上的各种语言中，汉语使用的人口最多，约占世界人口的五分之一，因此汉语是联合国指定的七种工作语言之一。汉语的特点：汉语没有表示语法关系的词形变化；汉语没有词的形态变法，靠虚词和词序表示语法关系；汉语是有声调的语言；汉语有大量的同音字。汉字的特点：汉字的组字方法及规律有"六书"，即象形、指事、会意、形声、转注、假借。其中指事是指用点、画来指出人或物的动作、状态或位置，是一种抽象的描绘；会意即组合两个以上已有之字，表达新的意思。现代汉字中，形声字占 80% 以上。汉字形体先后经历了甲骨文、金文、小篆、隶书、楷书等字体的变化。汉语汉字所承载的文化信息主要是指汉语语音、词汇、语法和汉字形体所承载的文化信息，与汉语汉字所记录的文化内容不是一回事。如甲骨文的"王"字除了记录"王"这个词外，还以其像斧钺的构型告诉人们，古代统治者是靠武力统治天下的，这些信息由于远古文献的贫乏，我们无法从"王"的词义本身获得。汉语词源意义包含了中国古人的传统观念，如"囱""葱""窗""聪"是一级同源词，"囱"是走烟的通道，"葱"的特点是叶子中空，"窗"是墙上通空气的洞，"聪"指接受外界事务的通达。从某些词的词源里还可以反映出某一历史时期意识形成的变化。如"龢"，音乐和谐，最美境界。"和"，人和，事和，社会人际关系的美好状态。

我们要了解汉语汉字对中国文化发展和传播的贡献。汉字是世界上最古老的文字之一，可追查历史是 4000 年。狭义地说，它是汉族的文字；广义地说，它是汉字文化圈共同的文字。汉字是汉语书写的最基本单元，其使用最晚始于商代，历经甲骨文、大篆、小篆、隶书、楷书（草书、行书）诸般书体变化。秦始皇统一中国，李斯整理小篆，"书同文"的历史从此开始。尽管汉语方言发音差异很大，但是书写系统的统一减少了方言差异造成的交流障碍。东汉许慎在《说文解字》中将汉字构造规律概括为"六书"：象形、指事、会意、形声、转注、假借。其中，象形、指事、会意、形声四项为造字原理，是"造字法"；而转注、假借则为用字规律，是"用字法"。3000 余年来，汉字的书写方式变化不大，使得后人得以阅读古文而不生滞碍。但近代西方文明进入东亚之后，整个汉字文化圈的各个国家纷纷掀起了学习西方的思潮，其中，放弃使用汉字是这场运动的一个重要方面。这些运动立论为：跟西方拼音文字相比，汉字是烦琐笨拙的。许多使用汉字的国家都进行了不同程度的汉字简化，甚至还有完全拼音化的尝试。日文假名的拉丁转写方案以及汉语多种拼音方案的出现都是基于这种思想。中国大陆将汉字笔画参考行书草书加以省简，于 1956 年 1 月 28 日审订通过《简化字总表》，在中国及新加坡使用至今。中国台湾则一直使用繁体中文。汉字是承载文化的重要工具，目前留有大量用汉字书写的典籍。不同的方言都使用汉字作为共同书写体系，因而汉字在历史上对中华文明的传播起到了重要作用，并成为东南亚文化圈形成的内在纽带。在汉字发展过程中，留下了大量诗词、对联等，并形成了独特的汉字书法艺术。一个汉字一般具有多种含义，也具有很强的组词能力，且很多汉字可独立成词。这导致了汉字极高的"使用效率",2000 个左右常用字即可覆盖 98%以上的书面表达方式。加之汉字表意文字的特性,汉字的阅读效率很高。汉字具备比字母文字更高的信息密度,因此,平均起来,同样内容的中文表达比其他任何字母语言的文字都短。

中国古代科学技术有哪些伟大成就?

1. 天文学:(1)天象记录:a. 黑子记录比欧洲记录早 800 多年。b. 彗星和哈雷彗星的记录比欧洲分别早 1000 多年和 670 年。c. 新星和超新星的记录虽和欧洲同时,但更简明、准确。d. 日月食的记录比希腊记录早了 135 年。

(2)天体测量:尧舜时代创造世界最早的测天仪器——浑仪。将星区分为二十八星宿。星表的记录也比西方早 200 多年。最早发现恒星位置移动比哈雷恒星早近 1000 年。

(3)历法:殷代开始四分法,岁实为 365.25 日,比西方早了 1000 多年。前后出现 102 种历法。南宋杨忠辅在《统天历》中将岁实精确到 365.2425 日,郭守敬在《授时历》中采用了这一数值。《格里历》比《统天历》晚 400 年,比《授时历》晚 300 年。

2. 数学:(1)十进位制《尚书》有之,甚为发达。(2)《九章算术》与魏晋南北朝算学。(3)宋元算学发达。

3. 医学:(1)中医学。(2)中药学。

4. 技术:四大发明——火药、指南针、造纸术和印刷术。

等讲完中国科技之后,我们要讲授中国古代教育文化。中国古代重视教育的传统对中国文化的传承和发展起了什么重要作用?由于中华民族自古以来具有重视教育的优良传统,所以四五千年以来,中国古代灿烂辉煌的文化不仅能一脉相承,历久弥新,而且其内涵也较世界上其他古老民族更加充实和辉煌。怎样继承中国古代教育思想的积极因素和发挥其现代价值?其一,因材施教;其二,整体综合;其三,德智合一;其四,学思结合、知行统一;其五,启发诱导、循序渐进;其六,教学相长,寓教育于生活;其七,以人生为枢纽,以一代代建树和培育为目的;其八,树立老师典范。中国古代有些什么对今天仍极富启发性的教学思想?一是因材施教,启发诱导;二是温故知新,学思并重;三是循序渐进,由博返约;四是长善救失,教学相长;五是言传身教,尊师爱生。

中国文学在中国文化中是最为精彩的部分。我们要从夏商周、先秦两汉、隋唐、宋元明清各朝代历史来讲授中国古代文学的总脉络。文学与艺术是分不开的。讲文学，也得讲艺术。然后讲授中国历史和伦理哲学问题。

为什么说中国古代文学是中国传统文化的重要组成部分？

中国古代文学以生动而具象的方式体现了中国文化的基本精神和中华民族的文化心理特征，又由于它广泛、深刻地反映了传统文化的其他部分的内容，所以它的审美功能及认识功能历久弥新，是中国传统文化的重要组成部分。中国古代文学的辉煌成就及其各朝代代表性作家和作品具体为：其一，《诗经》和《楚辞》。其二，先秦散文和汉赋——代表：左丘明的《左传》、孔子的《论语》、张衡的《归田赋》。其三，唐诗宋词，诗和词最为突出。如李白的《将进酒》、杜甫的"三吏"、《兵车行》、白居易的《长恨歌》《卖炭翁》《琵琶行》、苏轼的《赤壁赋》《水调歌头》、李清照的《如梦令》《一剪梅》《声声慢》等。元杂曲和明清小说——代表：关汉卿《窦娥冤》、王实甫《西厢记》、兰陵笑笑生《金瓶梅》、四大名著。

中国古代文学在哪些方面体现了中国传统文化的基本精神？1. 关注现实的理性精神；2. "文以载道"的教化传统；3. 写意手法和中和之美。

为什么说"气韵生动"可以作为中国艺术精神的概括？

1. 气既是宇宙的根本，又是宇宙的运动。韵是宇宙运动的节奏，是宇宙呈现分门别类而又有条不紊的整体结构，及其有次序地盛衰穷通、周流运行的整体风貌，因而韵是艺术作品与宇宙生气相一致的蕴藉风态。2. 气是无形的，当它在作品中出现时，就从无到有，化实为虚。这无、虚、气是最根本的，因此中国艺术的最大特点就是对虚无的重视。3. 只有理解了中国文化"气"的宇宙，才能深刻地理解何以气韵生动是中国艺术的根本精神，虚实相生是中国艺术的基本准则。

我们要文史哲不分家，那么按这一思路，我们要讲授中国历史和哲学问题。

如何认识中国古代史学在中国传统文化中的地位？1. 中国古代史学是中国古代文化的重要组成部分，在《隋志》著录文化成果中，四部分书，史学位居第二位。2. 中国悠久的历史和灿烂的古代文化在很大程度上是通过历代史学家记录和保存下来的。历史著作作为史学的社会表现形态，具有记录、综合人类文化创造、积累和发展的职能。3. 古代史学受儒家经学的影响，而史学的求真，经世的传统也影响着儒家经学。

为什么说中国古代史学是一座瑰丽的宝库？中国古代有哪些著名的史家和史学名著？

1. 丰富的历史内容和多样的表述形式，制度的完备，史家的杰出，理论的精善，在世界历史上是罕见的；2. 有贯通古今的编年史，列朝相承的纪传史，典章制度的记录，纪事本末与史评。著名的史家与名著：司马迁的《史记》、刘知几的《史通》、章学诚的《文史通义》、班固的《汉书》。

中国古代史学有哪些优良传统？对当今中国史学的发展有何借鉴意义？

1. 学兼天人，会通古今，用包容一切的气势和规模，阐述历史的发展过程；2. 以古为镜，经世致用，注重史学研究的古为今用；3. 求实直书，实录历史，求实的精神；4. 注重业务和思想修养，史家修养。借鉴意义：注重史学研究的现实意义，经世致用，要有求实精神，不畏强权，要注重自身的思想与知识修养。

试述中国古代史学在史家修养论上的理论贡献。一是学识上要博览群书，见识上要疏通知远；二是要有历史编纂和文字表达方面的才华和能力；三是要能收集、鉴别和运用史料，要深思明辨，择善而从；四是史家的观点和笔法，要尊重客观历史，要有"善恶必书"的直笔论；五是要有高尚的道德；六是要文史兼修，善于继承，勇于创新。

为什么说中国传统伦理道德是中国传统文化中的核心？

1. 源远流长的中国伦理道德思想，始终贯穿着一种可以称之为"公忠"的道德精神。2. 在中国的传统伦理道德中，以儒家为代表的"仁爱"思想，是一种对于协调人际关系具有积极意义的重要道德精神。3. 中国传统道德历来十分重视人伦关系的道德价值，强调每个人在人伦关系中应有的道德义务。4. 中国传统道德中有一种非常可贵的道德精神，那就是主张人们在满足基本物质需要的情况下，追求崇高的精神境界，把"富贵不能淫，贫贱不能移，威武不能屈"的"大丈夫"和爱国爱民、无私奉献、舍生取义的"君子"作为一切有道德进取心的人心目中的理想道德人格。总而言之，中国传统伦理道德中这种鼓励人们追求高尚的精神境界，向往理想道德人格的思想，在我们今天的社会主义道德建设中，仍然具有重要现实意义。

"仁"德的基本内涵有哪些？它在中华民族传统美德中占有什么地位？试对中国伦理的"仁爱"与西方伦理的"博爱"进行文化比较。1. "仁"德的基本内涵："仁"是儒家学说的核心，对中华文化和社会的发展产生了重大影响。"仁"字始见于儒家经典《尚书·金滕》："予仁若考。"仁指好的道德。孔子首先把仁作为儒家最高道德规范，提出以仁为核心的一套学说。仁的内容包涵甚广，其核心是爱人。"仁"字从人从二，也就是人们互存、互助、互爱的意思，故其基本涵义是指对他人的尊重和友爱。儒家把仁的学说施之于政治，形成仁政说，这在中国政治思想发展史上产生了重要影响。2. 地位：孔子把"仁"作为最高的道德原则、道德标准和道德境界。他第一个把整体的道德规范集于一体，形成了以"仁"为核心的伦理思想结构，它包括孝、弟（悌）、忠、恕、礼、知、勇、恭、宽、信、敏、惠等内容。其中孝悌是仁的基础，是仁学思想体系的基本支柱之一。他提出要为"仁"的实现而献身，即"杀身以成仁"的观点，对后世产生很大的影响。中国伦理的"仁爱"与西方伦理的"博爱"文化比较：其一是本质区别，其根本区别在于是否肯定竞争。"博爱"是在肯定竞争的基础上对竞争的规范和对弱者的关爱；而"仁爱"本身并不包含肯定竞争的因素，是在安排好等级和秩序基础上的相互爱护，是对等级制度的一种维护手段。"仁爱"这个词本身就表示有以上对下的这种姿态，体现了是一种无原则的退让、安抚或妥协，这事实上是对竞争的一种回避，是对规则的一种回避，是人治的理论而不是法治的理论。其二是内容区别，"仁爱"的意义更宽泛，基本内涵包括爱人、孝、悌、忠、恕、恭、宽、信、敏、惠、礼等，"博爱"第一方面是作为恩赐的神爱，第二方面是人对上帝的爱，第三方面是人对自己同类的关怀。其三在中国，"博爱"的出处很明确：韩愈的《原道》第一句就是"博爱之谓仁"。这说明这两者虽然有区别，但在一定程度上是有联系的。

"孝悌"之德对中华民族的发展有怎样的历史意义？在 21 世纪，它是否还具有合理的道德价值？1. 传承传统，维护家族稳定和促进繁衍，保持中华文化的可持续性而不至于断层，巩固族群的同一性，但与此同时，也带来了保守、顽固，不容易接受开放的文化与文明的缺点。2. 中国是以孝治天下的。中国的封建社会，实际上是家族封建制度，家族礼教最重要的就是孝。孝悌之德，恰

44

恰就是五千年文化中不可逾越的规则。3. "孝悌"思想是人们日常伦理关系中最基本的道德准则，它根植于中国深厚的哲学和文化土壤中，并贯穿于几千年的中国社会，成为维系家族和睦与社会稳定的纽带和基石。4. 有助于维持社会稳定，对我国构建和谐社会具有积极的促进作用。5. 是人类文明发展的产物。6. 在变化的社会中保持持久的存在价值。当今社会所讲的"和谐"，其渊源就来自孔子的"孝悌"思想。

在市场经济条件下，为什么还要讲"诚信"？

1. 中华民族有着悠久的诚实守信的优良道德传统。继承发扬诚信的道德传统，在当今社会主义市场经济深入发展的情况下显得更加迫切。诚信的缺失和信用危机已经成为制约我国社会主义市场经济健康发展的瓶颈和隐患，企业信用之差已经使信用成为一种"稀缺资源"。

2. 完善的市场经济社会必须由建立在诚信道德原则基础上的社会信用和个人信用作为保障。

3. 中国传统文化关于诚信的思想理念，是我们今天重建市场经济条件下社会信用体系时必须利用的重要道德价值资源。我们应当挖掘、保护并珍惜道德资源。

什么是"礼"？它有哪些伦理道德内涵？

1. 礼：作为伦理制度和伦理秩序，谓"礼制""礼教"。作为个体修养涵养，谓"礼貌"；用于处理与他人的关系，谓"礼让"。

2. 伦理道德内涵："礼"的精神实质上是一种秩序的精神，突出的是整体秩序对个体的意义，要求个体服从并服务于整体。礼貌、礼让、礼节是中华民族传统美德的体现。礼的四次转变："周礼"，把氏族社会作为习俗法规的礼教转化为文明社会的秩序；孔子对"礼"进行了伦理化、道德化的提升；西汉董仲舒把礼转化为"三纲五常"；宋明理学把"礼"转化为神圣的、绝对的"天理"。

如何理解中国古代宗教是中国文化的一个重要组成部分？

1. 宗教的产生本身就是人类文化活动的结果，是人类文化发展史上一个重要的环节。2. 宗教在往后的发展过程中，更与各种文化现象结下了不解之缘。纵观人类发展的历史，几乎所有的文化形态都与宗教有着密切的联系：那些直接标志着人类文明的哲学、科学、文学、艺术等无不打上了深刻的宗教印痕；那些作为各个时代上层建筑核心的政治制度、法律思想、道德规范等，也深受宗教的制约。3. 中国古代的许多文化形式都在不同程度上受到中国古代宗教的影响，与中国古代宗教有着十分密切的联系。很多文化是通过宗教的形式传播的。

中国的佛教与儒家思想是如何相互影响、相互交融的？

1. 两汉时期独尊儒学，整个社会思潮皆以儒家思想为主流。佛法传入东土后，由于与儒家思想有许多殊异处，也有不少共通点，因此一经接触，便互相激烈排斥，也互相融摄吸收，终于形成一股澎湃的新流，使得中国文化日益壮阔。

2. 中国佛教与儒家关系密切，无论是思想渊源或内容，双方都有深厚的交互关系及影响。佛教、儒家思想由相拒而相和，其间经历一段相当长的演变过程。就佛教而言，融入浓厚的中国色彩，形成中国化的佛教；就儒家而言，吸取不少佛法的营养，有所谓的"儒表佛里""援佛入儒"的理学。

3. 传统儒学具有宗教色彩：因为从思想渊源上说，儒学是夏、商、周三代思想的继承，而在三代占统治地位的思想是天神观念；整个儒家学说都是在天之下谈道德，做文章。董仲舒主张"道之大原出于天，天不变，道亦不变"。把天神话，也就是把儒家学说宗教化。此外，其宗教色彩还表现在修养理论上和修行方法上。

4. 宋明理学具有一定的宗教功能。该学说熔三教于一炉，是一种新儒学。首先，作为其理论纲骨之"心性"学说，实是隋唐佛教佛性理论的翻版。其次，其修行方法也逐渐地由"修心养性"转向禅宗式的注重证悟的"明心见性"。

什么是原始儒家的精神？1. 原始儒学的精神，首先是创造性的生命精神，是人对宇宙的一种根源感。2. 儒家主张通过对仁爱之心的推广，把人的精神提升到超脱寻常的人与我、物与我之分别的"天人合一"之境。3. 儒家的政治思想传统是德治的传统，它寻求由个人的完善达成社会的完善，由成熟的个人组成成熟的社会。4. 儒家精神是一种"极高明而道中庸"的精神，也就是伟大寓于平凡、理想寓于现实的精神。

什么是原始道家的智慧？1. 道家认为，真正的哲学智慧，必须从否定入手，一层层除去表面的偏见、执着、错误，穿透到玄奥的深层去。2. 道家通过否定的方法，否定知识、名教和一切外在形式的束缚，包括儒家仁义的束缚，以化解人生之忧。3. 道家追求的自由是精神的自由，不是指放浪形骸的情欲。承认自己的生存、利益、价值、个性自由、人格尊严，必须以承认别人的生存、利益、价值、个性自由、人格尊严为先导。

谈谈中国哲学关于创造变化、与时俱进的观念。中国哲学认为宇宙是在不断变化的，创造不息的，人类赖以生存的宇宙是一个无限的宇宙，普遍联系的宇宙。无论对我们民族来说，还是对我们个人来说，我们不能不尽心竭力去创造新的，改革旧的，这是天地万象变化日新所昭示的真理。儒家利己利人、成己成物、博施济众，道家万物与我为一，佛家普度众生都是这种精神的结晶。总之，使人格向上发展，不离开现实世界又要超越现实世界的种种限制，培育真善美统一的理想人格，是中国哲学的真谛。

中国哲学思维方式的特长与缺失是什么？一般来说，中国哲学家欣赏整体动态、辩证综合与直觉体悟的思维方式。中国传统思维方式，特别是辩证思维和直觉思维两种方式。辩证思维方式强调整体、对待、过程、流衍、动态平衡。儒家中比较推崇"名辩"；墨家在分析思维上有光辉的成就，严格确立了概念、判断、推理的逻辑程序和规则；法家韩非也很强调分析性、确定性的认知方式；宋明理学家中，朱熹比较重视分析。中国传统哲学思维方式的缺点是分析方法的薄弱，但并不是完全没有分析思维。

新中国成立以后我国文化建设取得了哪些重要成就，主要经验教训是什么？

1. 中国人民革命胜利开辟了中国文化发展的新阶段。突出表现在教育体制的建立和完善，群众文化事业的发展和进步，"双百"方针的有效贯彻等方面。2. 在探索过程中，中国文化的发展也经历了失误和曲折。"文革"是一场摧残、毁灭文化的非理性运动。"文革"把"左"的思想路线的破坏性暴露得最为深刻、彻底。3. 在新民主主义文化与社会主义文化的过渡衔接上，出现过加速"社会主义改造"的错误做法，出现了错误批判电影《武训传》进而批判胡适、胡风、梁漱溟；出现过错误批判"综合经济基础论"和"合二为一"论。4. "双百"方针是毛泽东于 1956 年提出的。

怎样认识和理解建设有中国特色社会主义文化的基本内涵和精神实质？

1. 根本任务：以马克思主义为指导，以培养有理想、有道德、有文化、有纪律的"四有"公民为目标，发展面向现代化、面向世界、面向未来的民族的、科学的、大众的社会主义文化。

2. 特点：（1）以马克思主义、毛泽东思想、邓小平理论为指导的文化；（2）以培养"四有"公民为目标的文化；（3）服务于现代化建设和人民大众的文化；（4）民族性与开放性，继承性与创造性相统一的文化。

3. 地位——始终代表中国先进文化的前进方向：（1）中国特色社会主义文化是现代化建设的重要内容；（2）中国特色社会主义文化是凝聚和激励全国各族人民的重要力量，是综合国力的重要标志；（3）中国特色社会主义文化为现代化建设提供智力支持、精神动力和思想保证。

4. 中国特色社会主义文化建设的基本方针：（1）坚持以马克思主义为指导，为人民服务、为社会主义服务；（2）坚持"双百"方针，即"百花齐放，百家争鸣"；（3）坚持贴近实际、贴近生活、贴近群众，不断推进文化创新；（4）坚持立足当代又继承民族优秀传统文化，立足本国又充分吸收世界优秀文化成果；（5）坚持一手抓繁荣，一手抓管理。

怎样从哲学思想的高度深刻理解"古为今用，洋为中用，批判继承，综合创新"的文化主张？

建设社会主义新文化的指导原则是：以马克思主义为指导的，批判继承历史传统而又充分体现时代精神的，立足本国而又面向世界的，这样一种高度发达的社会主义精神文明。首先，当代中国文化应以马克思主义作为自己的指导思想和理论基础。其次，当代中国文化要辩证地处理好古和今即历史传统和时代精神的关系。最后，当代中国文化要辩证地处理好"中"与"外"即立足本国与面向世界的关系。中国文化的适应能力是比较薄弱的，中国传统文化由于地理环境的隔离机制和历史上长期的领先地位，一直有一种强烈的文化优越感和自我中心的文化心态。要坚持古今中西文化的综合创新，这是建立在对文化结构进行分析的基础上的。综合创新论是在学习、继承毛泽东"古今中外法"的基础上，进一步运用辩证思维的方法。文化要素构成文化层面，文化层面构成文化系统。一个文化系统所包含的文化要素，有些是不能脱离原系统而存在的，有些则可以经过改造而容纳到别的文化系统中去。认识到这种关系，是我们把文化当作一个动态系统来把握的关键。建设有中国特色的社会主义文化，就是在社会主义制度下，以马克思主义为指导，建立古今中外文化的最佳互补结构，亦即批判继承历史传统而又充分体现时代精神的、立足本国而又面向世界的社会主义新文化。

参考文献

1. 张岱年，方克立. 中国文化概论［M］. 北京：北京师范大学出版社，1994.

2. 张岂之. 中国传统文化［M］. 北京：高等教育出版社，2010.

3. 华积木，彭风，等. 走进中国传统文化［M］. 乌鲁木齐：新疆教育出版社，2014.

如何讲好四大名著翻译研究文献综述

　　《红楼梦》《水浒传》《三国演义》《西游记》作为我国古典文学经典，在我国优秀传统文化遗产中占重要地位。国内外，我国四大古典文学名著先后被译成了多种语言文字，引起了极大反响。据研究，在国内，四大名著满文、蒙古文、维吾尔文、哈萨克文和朝鲜文等民族有全译本，其他有语言文字 10 多个民族（我国 20 个少数民族有自己的语言文字）有单译本或节译本，形成了翻译学的一个分支学科——四大名著的文学翻译学。

　　在我国四大古典文学名著维译本、哈译本的学术研究中，对《红楼梦》的研究论文起步早、数量多、涉猎广。主要有熟语（成语、歇后语等）、双关语和称谓语等维译方法研究，服饰词、仿词、饮食词以及民俗词的维译方法研究，文化图示理论、多元系统理论、比喻修辞方法等维译方法研究等。《三国演义》维译本和哈译本的研究主要集中在军事用语、绰号、官职等词语研究，《西游记》维译本的研究主要集中在佛教词汇、神魔名称和回目中专有名词的研究，《水浒传》维译本的研究主要集中在绰号、兵器、回目研究。总体来看，三者的研究既有交叉又有各自的特色，比如都有涉及回目的研究论文，也都有基于著作自身特色的论文，如《三国演义》的军事用语、官制研究，《西游记》的神魔名称、佛教词汇研究，《水浒传》的人物绰号研究等国内期刊的数据库中，值得进一步探索的学术空间巨大。从接受传播、影响的文章鲜见。中华人民共和国成立 70 多年来，我国四大文学名著研究取得了长足的发展，取得了十分显著的成绩。

　　据不完全统计，在我国四大文学名著研究中，《红楼梦》研究文献最丰富，

总体趋势分析

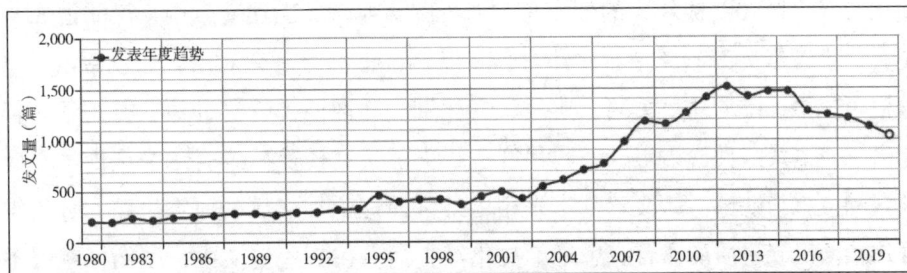

仅从中国知网 CNKI 数据库统计，红楼梦作为主题词的研究文献总数多达 16080
篇。内容庞杂，涉及文学 11321 篇，占大多数；涉及语言文字的 2046 篇，仅次
于文学；文化科学 1449 篇，占一定的比例；涉及民俗学、社会学、历史学、文
献学、传播学、医学、武术、宗教和人类学等各学科的论文分别各占数百篇，
比例相对较少。关于维译本《红楼梦》的研究方面，学者杨德明和景萍从 1985
年至 2015 年的 30 年进行统计，搜集到了 25 篇论文，其中硕士学位论文 8 篇。
后又根据再纳汗博士的统计，近三年，又增加了 3 篇硕士论文和 1 篇论文，维
译本《红楼梦》研究已达到了 29 篇。《红楼梦》自诞生以来，引起文学评论界
的高度重视。就目前看，《红楼梦》的本体研究数量多，传播研究数量有限，在
少数民族地区如何传播、接受，国内学界较少触及。目前没有发现任何研究
《红楼梦》少数民族语种的专著或者论文集，该课题有一定的研究意义。维文版
《红楼梦》由新疆人民出版社自 1975 年 7 月开始陆续出版，截至 1979 年 3 月全
部出齐，共计 8 卷。关于全译本的研究现状，"截至 2016 年，《红楼梦》维吾尔
文全译本研究的汉语论文近 25 篇，其中硕士论文 8 篇"。2016 年至 2017 年新增
3 篇硕士论文《〈红楼梦〉詈骂语汉译维研究》《〈红楼梦〉谜语及谶性谜语维
译研究》《翻译目的论视角下的〈红楼梦〉维译策略研究》。加之从 1980 年以
来有 6 篇维吾尔文论文，6 篇论文全部发表在《语言与翻译》期刊上。海友
尔·阿布都热合曼的《维译本〈红楼梦〉诗歌翻译的魅力》，1991 年第 2 期；
《关于〈红楼梦〉与中国梦的维语翻译》，2015 年第 2 期；《〈红楼梦〉中典故的
翻译方法》，2016 年第 6 期；木·艾合买体译 1987 年第 9 期，黄龙的《〈红楼
梦〉英文书名的翻译》；乌麦尔·尼亚孜译 1991 年第 2 期，《李绍年的"关于

〈红楼梦〉翻译探索》；热依汗古丽·吐尔迪 2014 年第 2 期《从翻译文化因素，归化与异化谈〈红楼梦〉的翻译》，共计 35 篇左右。上述文章中，汉文占 83% 左右，维吾尔文占 17% 左右，其内容多以语言特例为研究对象，如歇后语、修辞格、成语、诗词、双关语、典故、文化词、称谓语、特定词语、委婉语、詈骂语、谜语及谶性谜语等，不同程度上解决了《红楼梦》维吾尔文全译本在此领域的成就与缺憾。诸文章基本采用中外翻译理论加实例的研究思路，分析维吾尔族与汉族异质的语言、思维、文化等方面。在一些论文中，虽然标题并不是《红楼梦》维译本研究，但以《红楼梦》举例说明自己的观点。如梁伟的《汉维文学翻译中明晰化现象发生原因探析》、伊明·阿布拉的《中国四大古典文学名著民族语文翻译概述》、秦瑞英的《中国古代四大名著的维文翻译及研究现状》等论文。梁伟的《汉维文学翻译中明晰化现象发生原因探析》一文以修辞学中明晰化现象作为切入点，就《红楼梦》例句加以分析，论述了这一现象发生的原因。伊明·阿布拉的《中国四大古典文学名著民族语文翻译概述》和秦瑞英的《中国古代四大名著的维文翻译及研究现状》一文就对包括《红楼梦》在内的四大名著维吾尔文翻译的组织、实施过程和出版发行等情况进行了十分详细而具体的论述，提出了进一步加强四大名著维文翻译研究的一些想法和意见。学者伊明·阿布拉在其《中国四大古典文学名著民族语文翻译概述》（《民族翻译》2008）一文中对我国四大古典文学名著的蒙古文、藏文、维吾尔文、哈萨克文、朝鲜文、满文、傣文、锡伯文等民族文纸介和影视作品版本的翻译经过进行了初步梳理，并在此基础上对各种译本的时代背景做了简要分析。此外，对各种民族文版本的艺术成就给予了实事求是的评价，对全面系统地加强四大古典文学名著民族文版本的研究，丰富我国古典文学和"红学"研究寄予了厚望。研究者秦瑞英在《中国古代四大名著的维文翻译及研究现状》（《兵团党校学报》2017.04）一文中，综述了我国四大名著维文译版的发展以及学界研究现状，不仅能为我国维汉间的文学互译和研究工作提供一些资料上的参考，而且更有利于增进民族认同和促进文学翻译工程的更快更好发展，从而使更多的维吾尔族同胞能共享中华民族的文化遗产。张瑞娥的《〈红楼梦〉中国少数民族语种译本研究探析》一文采用微观与宏观、历时与共时相结合的原则，选择相应的参数和指标对《红楼梦》中国少数民族语种译本研究状况（自 1979 年至

2010 年）进行了描述性的探讨，总结了相关研究成果和存在的问题，展望其对"红学"、翻译学和民族文化融合与传播方面的意义。热依拉·艾比不的《汉语—维吾尔语颜色词翻译对比研究》一文将着重讨论《红楼梦》中颜色词的翻译，以对照分析相当数量的维吾尔译本为例，试图探讨汉语维吾尔语中的颜色词及其翻译方法。在红学研究领域，哈萨克文译本的《红楼梦》研究显得十分薄弱。中文文献能够搜索到的一篇是巴合提古丽·沙肯的《浅谈哈萨克文译本〈红楼梦〉翻译熟语的策略》。本文讨论了根据译文读者的认知和接受能力，采用适当的翻译方法把熟语准确地翻译的问题。作者指出，在这方面，哈萨克文译本《红楼梦》的熟语翻译是一个成功的范例。

在中国四大文学名著中，《水浒传》研究文献 7865 篇，《西游记》研究文献 6703 篇，《三国演义》研究文献 6269 篇。与《红楼梦》研究相比，这三大文学名著研究论著的数量相对少一些。中华人民共和国成立后，《水浒传》研究进入了一个全面研究的新阶段，在版本、作者、本事源流、故事演化、成书过程、主题意义、艺术成就等诸方面，均展开了全面的研究。研究者们力图用马列主义文艺观点去探索《水浒传》的主题思想、思想意义、美学价值和艺术特征诸多问题。我们考察七千余篇论文的研究内容，大致可分为文学、语言学、美学、历史、宗教、翻译学、修辞学、文化学、叙事学、文化人类学、社会学和军事学等多种学科。《水浒传》的翻译研究，作为一个拓展《水浒传》研究领域的新阵地，最近取得了较好的发展。但其研究主要还是集中于《水浒传》的外文翻译研究领域。据学者统计，《水浒传》已被翻译成英、德、法、意、俄、匈、捷、波、朝、越、日及拉丁十二种文字，在世界各地发行。其中西方最早的七十回全书译本是德文译文《强盗与士兵》和法文译本《中国的勇士们》。最近，很多外国语文学专业的硕士生和博士生积极选题于《水浒传》的英文、德文、法文译本研究，撰写了一系列学位论文，取得了较好的成绩。《水浒传》的少数民族语言文字的译本研究尚在起步阶段，《西游记》的蒙文、满文和朝鲜文等语言文字有一定的研究成果。

《水浒传》的维吾尔文译本研究在词汇、段落、语法和修辞方面有一定的研究成果。在《〈水浒传〉维汉章回标题翻译特点探析》（新疆师范大学，2016）硕士学位论文中，韩琼峰以《水浒传》中的章回标题为研究对象，对《水浒传》的所有章回标题进行搜集、归纳、总结，运用现当代翻译理论，从翻译方法、翻译技巧和修辞等方面，对汉语本和维译本的《水浒传》章回标题进行对比分析研究，精炼出在翻译过程中的特点，以期对今后相关内容的翻译提供一定的帮助。本论文分为四个部分，主要采用文献考证法和对比研究法。第一章介绍了本文的研究对象，并论述研究意义和研究现状。第二章分别分析了维汉《水浒传》章回标题的特点，并介绍了《水浒传》章回标题的一些基本情况。第三章是对《水浒传》中的章回标题在翻译过程中的问题进行分析，并对全文简要地总结和进一步地概括。李梦皓在其《〈水浒传〉一百单八将人物绰号维吾尔语翻译研究》（伊犁师范学院，2016）一文中，以 1985 年版《水浒传》维译本为蓝本，结合现当代翻译理论，从翻译方法、翻译技巧和翻译策略等方面，对一百单八将人物绰号进行对比研究，追溯译者翻译的源头，探寻绰号的维译方法与规律，归纳汉维绰号互译常用的翻译方法和技巧，着重探析译者在绰号翻译中的成功之处和不足之处。杨贵春在《〈水浒传〉中"把"字句在维吾尔语中的对应表达研究》（喀什大学，2017）一文中，对《水浒传》中"把"字句在维吾尔语中的对应表达展开了论述。"把"字句的维吾尔语翻译研究不是很多，另外汉语与维吾尔语完全是两种不同类型的语言，维吾尔语是典型的黏着语，又是典型的"主语+宾语+动词"型语言，维吾尔语作为黏着语，其附加成分很发达，在汉维互译过程中，汉译维中维吾尔语的附加成分起着至关重要的作用。胡艳明在其《浅析维文译本〈水浒传〉中歇后语的文化内涵及翻译策略》（《民族翻译》2018.01）一文中，通过考察《水浒传》维吾尔文译本中的歇后语翻译，分析歇后语的文化内涵及汉维翻译策略。甘露在《〈水浒传〉中人物绰号的维吾尔语翻译探析》《双语教育研究》，2015.01）一文基于前人的研究成果，首先，检索出《水浒传》中一百单八将的绰号在维吾尔语译本中的对应翻译，着重探析了译者的翻译方法与翻译技巧；其次，统计出每种译法在译文中所占的比例；再次，运用归化和异化策略分析了译者在不同情况下对原文的处理情况以及采用这种策略的原因；最后，指出在翻译中应注意的一些问题。文章从翻译理论与实践专业学习者的角度出发，在总结维译本翻译经验的基础上，通过实践印证了翻译学理论，加深了对翻译的认识，更有助于加深译文读者对汉维两种语言文化的理解和欣赏。

《西游记》各类研究文献六千余篇，其中维译本《西游记》研究有五篇。严治平在其硕士学位论文《〈西游记〉维译本中妖怪名称的翻译分析》（新疆师范大学，2016）中以《西游记》维译本为蓝本，以《西游记》中妖怪名称为切入点，探究译者在处理不同种类的妖怪名称时所采用的翻译方法，并寻求其规律性。本文还运用了"对等理论"对《西游记》维译本中妖怪名称翻译的特点进行分析，探究译者所选用的翻译方法是否达到了翻译对等的效果。贾义龙的学位论文《浅析维译版〈西游记〉中佛教词汇的翻译》（新疆师范大学，2014）中出现了大量的佛教词汇。本文以维译版的《西游记》为依据，主要探讨其中一些佛教词汇的翻译方法，分析部分词汇翻译的利弊得失。具体论述了《西游记》中佛教词汇的分类，以及对应的译文，着重分析维译版《西游记》中佛教词汇翻译时所采用的翻译方法和翻译技巧。邹艾璇在其《〈西游记〉中佛教称谓语及其维译研究》（喀什大学，2016）一文中指出：《西游记》是广受维吾尔语读者喜爱的文学作品，早在80年代就被翻译成了维吾尔语，其中出现了大量佛教称谓语，蕴含着深刻的佛教文化含义，因汉维语言文化存在着巨大的文化差异，翻译起来较有难度。因此，本论文将以《西游记》中的佛教称谓语为研究对象，探讨其维译方法，并分析其翻译过程中运用到的文化差异处理方式。本论文共由五个部分组成。第一部分，阐释了选题依据，概括了佛教称谓语及其翻译的研究现状，简单介绍了论文的研究内容及研究意义。第二部分，在对称谓语、佛教称谓语进行了概念界定的基础上，尝试性地将《西游记》中的佛教称谓语分为了姓名称谓语、身份性称谓语和泛称称谓语三大类。第三部分，归纳了《西游记》中佛教称谓语在对等和不对等两种情况下的维译方法，对等情况下采用的是直译法、直译加注法、意译法，而不对等情况下主要采用了音译法、音译加注法、音意兼译法、直译法、意译法和省译法，分析了《西游记》中佛教称谓语维译中个别误译现象产生的原因。努日曼古丽·买买提江在其学位论文《〈西游记〉维译本人物名称翻译研究》（西北民族大学，2015）中，将《西游记》汉文中的人物名称分为三大类，并对翻译这三类人物名称时所运用的翻译方法进行归类、统计和分析。此外，还分析了维译本中译者翻译原文人物名称时所运用的翻译方法的得失，研究了译者处理不同类型人称的翻译方式。谢瑾在《论〈西游记〉回目中专有名词的维译研究》（新疆师范大学，2016）

一文中对作家木合塔尔·买合苏提和买利亚姆合作翻译的维吾尔语《西游记》译本回目进行了研究,从章回目录的翻译策略入手,综合历史、文化、宗教等因素,对其中出现的人名、地名、佛教词汇等专有名词进行分析探讨,以期减少《西游记》(维译本)读者的阅读障碍。热汗古丽·合力力在《汉语词的色彩意义及其维译研究》(新疆大学,2015)一文中以《狼图腾》《西游记》《三国演义》《长恨歌》《阿Q正传赵延年插图本》等著作和部分政论作品及其维吾尔语译本作为本论文的基本语料来源,以当代翻译理论和词语色彩意义相关的理论方法作为理论基础,对汉语词的感情色彩意义、形象色彩意义、语体色彩意义、时代色彩意义、宗教色彩意义、外来色彩意义进行研究和探讨。

总体趋势分析

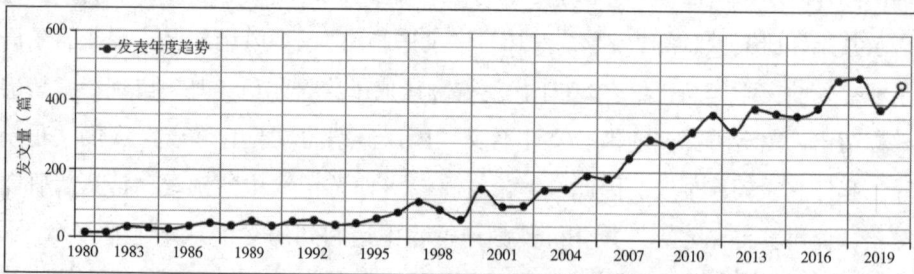

据统计,研究《三国演义》的各类文章六千两百余篇,其中维译本《三国演义》研究文章有十来篇。维译本《水浒传》研究,有三篇代表性论文。第一篇是景治强、胡毅合著的《文化翻译学视角下古典名著历史文化词翻译研究——以〈三国演义〉维译本官职名称为例》(《昌吉学院学报》,2016.05),这篇论文运用文化翻译学相关理论,从维译本《三国演义》中的官职名称入手,比较汉维文化差异,探讨译本中存在的问题,分析原因,提出翻译策略及方法。第二篇是王智的硕士学位论文《〈三国演义〉中古代军事语的维译研究》(喀什大学,2016)。文中指出:《三国演义》在军事方面占有十分重要的地位,被历朝历代军事家视为军事著作的经典,书中描写了大量的军事谋略和各式各样的计谋妙计,刻画出一批足智多谋的英雄人物形象,同时也反映出三国时期的军事制度、军事器械、军事阵法等。这些丰富的古代军事描写为后人再现三国时期的军事盛况，以及为其研究提供了必要的证据也发挥了重要的作用。本论文以《三国演义》原著本及维译本中所对照的古代军事语为研究对象，采用的研究方法主要是文献综述法和分析归纳法。第三篇是肖长林的《〈三国演义〉回目名称的维译研究》（伊犁师范学院，2016）。本论文以《三国演义》中的回目名称为研究对象，对《三国演义》中的所有回目名称进行搜集、归纳、总结，运用现当代翻译理论，从翻译方法、翻译技巧和修辞等方面，对汉语版本和维译版本的《三国演义》回目进行对比、分析和研究，精炼出在翻译过程中的特点，以期对今后相关内容的翻译提供一定的帮助。维吾尔语和汉语是两种不同文化的语言，对这两种语言的对比研究也是一种跨文化的研究，意义重大。本论文以现代翻译理论为基础，对《三国演义》回目名称的维译研究，是对翻译理论与实践的一个有效补充，并探讨维译过程中是如何对源语文化意义做有效的表达，分析维译过程中是如何造成部分信息的缺失，以期为今后的语言教学和研究工作提供帮助，为维吾尔语学习者提供参考。

总体趋势分析

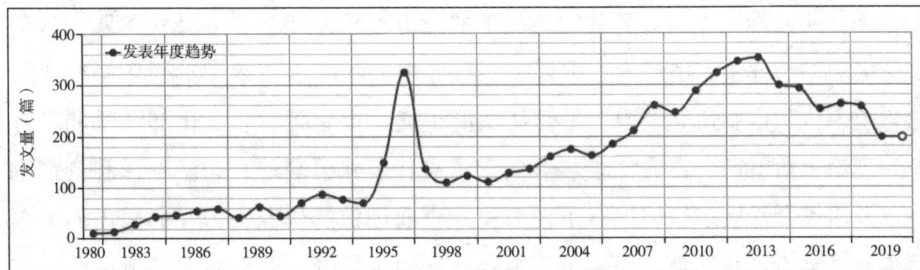

除了维文译本研究之外，满文、蒙古文译本研究也有一些成果。如在《〈三国演义〉满蒙译本比较研究》《民族文学研究》，2011.04）一文中，学者陈岗龙对《三国演义》满文译本、蒙古文译本和汉文原著之间进行了跨语言的比较研究，确定了满文《三国演义》是根据明嘉靖壬午年间刻本系统的《三国志通俗演义》翻译的。蒙古人最早翻译《三国演义》，完全是按照满文译本翻译的，并没有和汉文原著核实，因此蒙古文译本中保留了满文译本的翻译错误。在《三国演义》蒙古文译本中，没有出现蒙古人习惯于其他汉文小说翻译中经常出现的创造性的编译和删节、改写等情况。聚宝在蒙古国所藏《〈三国演义〉蒙译本述略》《民族文学研究》，2013.01）一文中梳理并阐述了蒙古国首都乌兰巴托所藏《三国演义》蒙古文古旧译本的特点和价值。从数量上看，蒙古国收藏《三国演义》蒙译本约占目前所搜集到的《三国演义》蒙译本的三分之一，就其原始性、完整性、珍贵性而言，远远超过了国内所藏《三国演义》蒙译本。以往的《三国演义》蒙译本的整理研究对此颇有忽略，致使学界对现存《三国演义》古旧译本的版本和内容尚缺乏完整、全面的认识和了解。这些译本，无论是对《三国演义》蒙译本的考订、蒙汉文学关系的研究，还是对《三国演义》在域外传播的研究，都有极其重要的文献价值和学术价值。秀云在其《满译本〈三国演义〉研究述评》（赤峰学院学报，2016.12）一文中指出，满译《三国演义》系清代第一部满译汉文小说，属清朝文治肇兴的重要事宜，也是汉、满、蒙古族文化交流的例证，因此，对此进行历史学、文献学、文化学研究，具有重要意义。学界虽然对此已有所关注，但专题性研究成果仍不多见。本论文利用汉、蒙古文种材料，搜集版本编目、书籍著述、学术文章中有关《三国演义》满译研究成果，略加品评，汇成拙文，以供参考。

国外研究领域，四大名著的英译本研究方面成果较多，并且我国四大古典文学名著的德译本、法译本、俄译本、日译本、韩译本和泰译本翻译研究成果数量也不少。这些研究领域，主要从功能主义、接受美学、文化翻译学和阐释学等理论视角就四大古典文学名著的词语翻译、熟语翻译、句法翻译和诗词翻译以及语篇翻译诸多领域进行了较为深入全面细致的研究，为我们国内四大名著少数民族语言文字翻译提供了新观察点和理论视野。冯全功在《新世纪〈红楼〉译学的发展现状及未来展望——基于国内学术期刊的数据分析（2000—2010）》（《红楼梦学刊》，2011.04）一文中指出，《红楼梦》译学是翻译学和红学的交叉学科，其发展需要大量学术成果的支撑。本论文以 21 世纪以来 11年间在国内外 16 种学术期刊上发表的 132 篇论文为语料，从研究焦点、研究方法、研究队伍和研究语种四个方面探讨了《红楼梦》英译本、德译本、法译本和其他外语译本的研究现状。结果表明，虽然红译研究成绩斐然，但问题依然存在，如跨学科研究薄弱、定量研究较少、语言与文化研究有待拓展深入、研究成员之间缺乏交流合作等。

　　侯羽、贾艳霞、杨金丹在《〈红楼梦〉定量翻译研究现状分析——基于对国内外主要学术期刊论文和著作的考察（1979—2016）》（《红楼梦学刊》，2017.03）一文中指出，2016年12月在中国知网中以"红楼梦"并含"翻译"为主题，分别检索国内20种主要外语类期刊和《红楼梦学刊》，去掉非研究性论文后，获得发表于1979—2016年的论文共302篇。同日，我们在科学引文索引数据库的社会科学引文索引和艺术与人文引文索引两个子库中，共检索到"红译"研究英文期刊论14篇。此外，据不完全统计，国内外已出版30部"红译"著作。在此基础上，我们逐一阅读了这些文献，最终确定了国内外"红译"定量研究的论文和著作。

　　李奎先生在《加拿大汉文报刊中的"红学"相关资料举隅》（《红楼梦学刊》，2018.01）一文中介绍了《新华日报》《大汉公报》《快报》等报刊上的"红学"研究状况。在《剑桥中国文学史》中也介绍和述评了四大名著。

　　在《水浒传》的国外研究领域，我们可以提起宫崎市定的《说水浒——虚构的好汉与掩藏的事实》（赵翻等译，陕西人民出版社，2008）、佐竹靖雄的《梁山泊——水浒传名豪杰》（韩玉萍译，中华书局，2005）和《剑桥中国文学史》（三联书店，2013）等书。日本学者宫崎市定、佐竹靖雄从历史事件的角度考察了《水浒传》的创作、发展、好汉的历史原型及其来源等问题，提出了自己的理论思考。但由于他们站在日本学术立场，误解了《水浒传》的创作时间、人物形象的塑造和故事情节的叙述诸多问题。陈奇佳先生对此举例考证，一一驳回。

　　何建新在《国外的〈三国演义〉热》（《江海侨声》，1997.05）一文中论述了中国古典小说文言体小说或是白话文小说，对日本、韩国以及东南亚甚至欧洲所产生的影响。日本自1689年出现翻译"三国"，至今已出20多种版本，日本在研究"三国"的版本方面成果较为突出。韩国翻译《三国演义》也较早，有一定的研究论著。吴静在其《〈三国演义〉在北美的传播与研究》的学位论文中指出，北美的《三国演义》研究直到20世纪70年代才起步。夏志清、浦安迪等在《三国演义》的文体特征、叙事结构、对偶美学、修辞手法、人物形象选用以及主题表达方式等方面都提出了新的看法。他们的研究不仅促进了《三国演义》在北美的传播，还为国内研究者提供了一种新的研究角度和研究方法，对拓展《三国演义》研究空间，更新研究格局，都有比较重要的意义。

张静二在《海外学者看〈西游记〉》（《福建论坛》1986.3）一文指出，从翻译上看，《西游记》译本遍及各国。在韩国，金龙济1952年翻译的《西游记》时间最早。在越南，现只有瑞定1961年译的《西游记》一种。在日本，有西田维则（笔名口木山人）从1758年开始据《西游记真诠》译成的《通俗西游记》。在英国，最早是1913年李查（Timotny Rlchdrd）据《西游证道书》译成的《天国之旅》。徐诗卉在《美国汉学家余国藩的〈西游记〉研究》（电子科技大学，2018）一文中，介绍了《西游记》英译本的最佳译者——美国华裔汉学家余国藩及其研究成果，本论文拟将以余国藩发表的专著和相关论文作为主要研究对象来对他的研究成果做出述评。

小结

综上所述，四大名著翻译研究在谚语、熟语、人名、绰号和修辞等诸多方面得到了一定成绩。在四大名著英文翻译领域有较好成绩的同时，其日文、朝鲜文、德文、法文译本研究也已形成了一定的研究规模。在四大名著少数民族译本研究中，蒙古文译本研究成果最为突出。而其他文字译本研究此时尚处于起步阶段。从四大古典文学名著维吾尔文和哈萨克文译本研究来讲，根据知网中文文献数据分析统计，《红楼梦》译本研究58篇（维文译本翻译57篇、哈萨克文译本研究1篇）、《水浒传》《西游记》译本研究分别各5篇（都是维吾尔译本研究）、《三国演义》维文译本只有4篇（统计限于2019年7月）。根据这一统计，我们发现，四大名著的维文和汉文翻译研究存在很大的研究空间，具体为：

第一，四大古典文学的诗词翻译研究问题，如《红楼梦》《水浒传》《西游记》《三国演义》中的诗词翻译研究。

第二，四大古典文学的修辞格翻译研究问题，如《红楼梦》《水浒传》《西游记》《三国演义》的修辞格翻译研究中的诗词翻译研究。

第三，四大古典文学的句法翻译研究问题，如《红楼梦》《水浒传》《西游记》《三国演义》中的句法翻译（单句和复句）研究。

第四，四大古典文学的专有名词（古代武器名词、古代服饰名词、古代饮食名词、古代建筑名词和民俗名词）翻译研究问题，如《红楼梦》《水浒传》《西游记》《三国演义》中的专有名词（古代武器名词、古代服饰名词、古代饮食名词、古代建筑名词和民俗名词）翻译研究。

第五，四大古典文学的成语详解及对应翻译研究问题，如《红楼梦》《水浒传》《西游记》《三国演义》成语详解及对应翻译研究问题中的诗词翻译研究。

第六，四大古典文学的翻译风格研究问题，如《红楼梦》《水浒传》《西游记》《三国演义》中的翻译风格研究。

第七，四大古典文学的文学翻译与文学接受研究问题，如《红楼梦》《水浒传》《西游记》《三国演义》中的文学翻译与文学接受研究问题。

总之，四大古典文学名著作为我国文学瑰宝，在中华民族文学中占有十分重要的地位。四大古典文学名著的民族文字译本研究促进了我国各民族学习和了解中华民族优秀文化，进而使得我国各民族尊重和借鉴各自优秀文化遗产，更加坚定文化自信，促进文化认同。为进一步筑牢中华民族共同体意识，我们要加强民族文化影响的理论阐述和学术研究，共同构建中华民族学科话语和学术话语体系。

基金项目：本文系 2019 年国家社科基金重大招标项目"我国四大古典文学名著维吾尔文、哈萨克文译本的接受、影响研究及其数据库建设"（编号 293）阶段性成果

参考文献：

［1］杨文玉.《红楼梦》维译中人称代词的语料库考察［D］.喀什：喀什大学，2019.

［2］马婷.《红楼梦》谜语及谶性谜语维译研究［D］.伊宁：伊犁师范学院，2017.

［3］阿比旦·居热艾提.《红楼梦》中拟声词的维译研究［D］.喀什：喀什大学，2017.

［4］徐文婷.翻译目的论视角下的《红楼梦》维译策略研究［D］.喀什：喀什大学，2017.

［5］杨贵春.《红楼梦》人物"绰号"维译处理——直译与意译［J］.中

国民族博览，2016（10）：206-207.

　　[6]高姣姣.《红楼梦》中"死亡"用语及其维译研究[D].喀什：喀什大学，2016.

　　[7]徐佩.《红楼梦》中意合形合复句的维译研究[D].喀什：喀什大学，2016.

　　[8]张娜.《红楼梦》中物质生活民俗词汇及其维译研究[D].喀什：喀什大学，2016.

　　[9]彭杰.《红楼梦》成语维译方法研究[D].伊宁：伊犁师范学院，2016.

　　[10]李雅雯.《红楼梦》中服饰词维译研究[D].乌鲁木齐：新疆师范大学，2016.

　　[11]朱春雨.归化异化翻译策略下的汉语饮食名称词维译研究——以《红楼梦》为例[J].昌吉学院学报，2015（6）：97-100.

　　[12]翟亚清.《红楼梦》中模糊语言的维译研究[D].喀什：喀什师范学院，2014.

　　[13]赵曼.《红楼梦》中汉语仿词的维译研究[D].喀什：喀什师范学院，2014.

　　[14]李媛媛.浅析《红楼梦》中歇后语的维译技巧[D].乌鲁木齐：新疆师范大学，2012.

　　[15]赛文娟.《红楼梦》中的双关语及其维译研究[D].乌鲁木齐：新疆大学，2012.

　　[16]王文敏.从文化图式视角探析《红楼梦》典故维译[J].昌吉学院学报，2011（5）：61-66.

　　[17]梁伟.《红楼梦》佛教内容维译中的语境因素与顺应策略[J].新疆大学学报（哲学·人文社会科学版），2010，38（5）：135-138.

　　[18]张妍哲.《红楼梦》中的委婉语及其维译研究[D].乌鲁木齐：新疆大学，2010.

　　[19]徐江.《红楼梦》中亲属称谓语的维译[J].民族翻译，2010（1）：83-86.

［20］巩晓.《红楼梦》中的成语及其维译方法研究［J］.喀什：喀什师范学院学报，2009，30（5）：61-64+68.

［21］王文敏.文化图式理论与《红楼梦》典故维译［D］.乌鲁木齐：新疆大学，2009.

［22］阿依努尔·乃比江.《红楼梦》中称谓语及其维译研究［D］.乌鲁木齐：新疆大学，2009.

［23］梁伟.论《红楼梦》维译中归化策略的运用［J］.语言与翻译，2007（1）：47-50.

［24］梁伟.《红楼梦》中某些修辞格的维译——兼谈可译性和不可译性［J］.语言与翻译，2005（4）：61-64.

［25］杨德明，景萍.维译本《红楼梦》翻译研究文献综述［J］.民族翻译，2016（1）：17-25.

［26］祁玲，马翠玲."什么"在维译本《红楼梦》中的译法［J］.新疆职业大学学报，2001，9（2）：69-70.

［27］狮艾力.维译本《红楼梦》歇后语翻译初探［J］.文学界（理论版），2010（12）：140-141.

［28］景玥.浅谈《红楼梦》维译本中的成语翻译方法［D］.乌鲁木齐：新疆师范大学，2012.

［29］苏梦洁.《红楼梦》维译本中的饮食词汇研究［D］.乌鲁木齐：新疆师范大学，2016.

［30］卿萍.关联理论视角下《红楼梦》维译本中隐喻的翻译［D］.喀什：喀什师范学院，2013.

［31］童童.浅谈维译本《红楼梦》中"红"字的翻译［J］.汉字文化，2018，210（16）：151-153.

［32］马晓红，马海国.汉语与维吾尔语比喻辞格喻体来源比较——以《红楼梦》维译本为例［J］.喀什师范学院学报（汉文版），2015（2）：52-55.

［33］马晓红，马海国.汉语与维吾尔语比喻辞格差异原因探析——以《红楼梦》维译本为例［J］.新疆教育学院学报，2015（1）：108-114.

［34］于庆伟.《红楼梦》维译本中园林建筑的翻译方法分析［D］.乌鲁木

齐：新疆师范大学，2014.

[35] 张红英.《红楼梦》中书名的维吾尔语翻译 [J]. 和田师范专科学校学报，2010，29（1）：126-127.

[36] 周楠.《葬花吟》维译本修辞风格传递管窥 [D]. 喀什：喀什师范学院，2012.

[37] 李少平.《红楼梦》维吾尔语译本的文化翻译 [J]. 喀什师范学院学报（汉文版），2014（2）：61-64.

[38] 马晓红. 汉维比喻辞格的对比与翻译——以《红楼梦》的汉维文本对比为例 [D]. 北京：中央民族大学，2012.

[39] 热依拉·艾比不拉. 汉语—维吾尔语颜色词翻译对比研究 [D]. 北京：中央民族大学，2013.

[40] 再纳汗·阿不多，阿布都外力·克热木，冯瑞.《红楼梦》维吾尔文译本述评 [J]. 红楼梦学刊，2018（3）：331-340.

[41] 木·艾合买体译. 黄龙的"《红楼梦》英文书名的翻译" [J]. 语言与翻译（维吾尔文版），1987（9）.

[42] 乌麦尔·尼亚孜译. 李绍年的"关于《红楼梦》翻译探索" [J]. 语言与翻译（维吾尔文版），1991（2）.

[43] 海尤尔·阿布都卡迪尔. 维译本《红楼梦》诗歌翻译的魅力 [J]. 语言与翻译（维吾尔文版），2013（1）.

[44] 热依汗古丽·吐尔迪. 从翻译文化因素，归化与异化谈《红楼梦》的翻译 [J]. 语言与翻译（维吾尔文版），2014（2）.

[45] 海尤尔·阿布都卡迪尔. 关于《红楼梦》与中国梦的维语翻译 [J]. 语言与翻译（维吾尔文版），2015（2）.

[46] 海尤尔·阿布都卡迪尔.《红楼梦》中典故的翻译方法 [J]. 语言与翻译（维吾尔文版），2016（6）.

[47] 狮艾力. 维译本《红楼梦》歇后语翻译初探 [D]. 兰州：西北民族大学，2011.

[48] 狮艾力. 维译本《红楼梦》俗语翻译研究 [D]. 兰州：西北民族大学，2011.

［49］李绍年.《红楼梦》翻译探索［J］. 语言与翻译，1990（4）：33-44.

［50］李绍年.《红楼梦》翻译探索［J］. 语言与翻译，1991（1）：43-55.

［51］李绍年.《红楼梦》翻译学刍议［J］. 语言与翻译，1993（1）：30-36.

［52］李绍年.《红楼梦》翻译学刍议［J］. 语言与翻译，1993（1）：30-36.

［53］梁伟. 汉维文学翻译中明晰化现象发生原因探析［J］. 语言与翻译（汉文版），2008（1）.

［54］杨德明，景萍. 维译本《红楼梦》翻译研究文献综述［J］. 民族翻译，2016（1）：17-25.

［55］伊明·阿布拉. 中国四大古典文学名著民族语文翻译概述［J］. 民族翻译，2008（2）：49-55.

［56］秦瑞英. 中国古代四大名著的维文翻译及研究现状［J］. 兵团党校学报，2017（4）.

［57］张瑞娥.《红楼梦》中国少数民族语种译本研究探析［J］. 广西民族大学学报（哲学社会科学版），2012（6）：159-162.

［58］胡艳明. 浅析维文译本《水浒传》中歇后语的文化内涵及翻译策略［J］. 民族翻译，2018（1）：11-17.

［59］韩利峰.《水浒传》中传统兵器名称的维译研究［D］. 喀什：喀什大学，2016.

［60］李梦皓.《水浒传》一百单八将人物绰号维吾尔语翻译研究［D］. 伊宁：伊犁师范学院，2016.

［61］杨贵春.《水浒传》中"把"字句在维吾尔语中的对应表达研究［D］. 喀什：喀什大学，2017.

［62］甘露.《水浒传》中人物绰号的维吾尔语翻译探析［J］. 双语教育研究，2015（1）：76-80.

［63］韩琼.《水浒传》维汉章回标题翻译特点探析［D］. 乌鲁木齐：新疆师范大学，2016.

［64］严治平.《西游记》维译本中妖怪名称的翻译分析［D］. 乌鲁木齐：

新疆师范大学，2016.

　　［65］努日曼古丽·买买提江.《西游记》维译本人物名称翻译研究［D］.兰州：西北民族大学，2015.

　　［66］贾义龙.浅析维译版《西游记》中佛教词汇的翻译［D］.乌鲁木齐：新疆师范大学，2014.

　　［67］邹艾璇.《西游记》中佛教称谓语及其维译研究［D］.喀什：喀什大学，2016.

　　［68］谢瑾.论《西游记》回目中专有名词的维译研究［D］.乌鲁木齐：新疆师范大学，2016.

　　［69］景治强，胡毅.文化翻译学视角下古典名著历史文化词翻译研究——以《三国演义》维译本官职名称为例［J］.昌吉学院学报，2016（5）：77-83.

　　［70］王智.熟语的维译研究［D］.喀什：喀什大学，2016.

　　［71］肖长林.《三国演义》回目名称的维译研究［D］.伊宁：伊犁师范学院，2016.

　　［72］热汗古丽·合力力.汉语词的色彩意义及其维译研究［D］.乌鲁木齐：新疆大学，2015.

　　［73］巴合提古丽·沙肯.浅谈哈萨克文译本《红楼梦》翻译熟语的策略［J］.伊犁师范学院学报（社会科学汉文版），2015，34（2）：19-23.

论基础汉语教学中存在的问题及其对策

基础汉语课程是在民族汉语教学和对外汉语教学工作中的一个系统教学工程，具体包括听说、阅读、语法、写作和翻译等课程的教学内容。为了提高教学质量，我们必须深入研究和分析基础汉语教学具体环节中存在的问题，并提出一些针对性措施和建设性意见。作为第二语言教学，汉语言教学需要一些理论探讨和实践研究，我们在文中提出了一些在教学实践工作中的经验和思考，供大家教学切磋和交流。

一、听说技能的问题分析及其对策

一般，口语学习包括如下两方面的内容：一是听，二是说。听是接收者接收讲述者传递信息的过程，即听者接收讲者的话语的过程。说是讲者或是讲述者对听者或是接收者传递信息和表达意图的过程。在日常交流当中，二者关系十分密切。对第二语言学习来说，听说是十分重要的环节。听者接收汉语言信息是经过语音辨别、转换词义、组建句子和翻译理解的复杂过程。由于口头交流的语速较快，话语语音发生同化、省略、弱化、简化和轻读等一系列变化，对听力理解构成了极大的障碍。① 用汉语说话也是经历理解意思、构思答案、组建词语和传达目的的过程的。其中，讲者对声母、韵母的发音的准确率和语气、声调的把握是一个关键问题。

我们认为，在汉语语音学习中，声调对学生的影响是相当大的。首先，学

① 贾静芳. 谈听力教学中辨音能力的培养 [C]. 双语教学与研究（第五辑），民族出版社，2002.

生必须有一个对声调的标准把握，要非常准确地把握每个声调的具体音高变化究竟应该达到什么高度才是合适的，这个工作应该是在学习的初期就不遗余力地进行才有效果的，建议应当在学生学习汉语的初期就通过开设相关的语音培训课程来解决这一问题，当然，对授课教师的要求必须是非常严格的，最好由专门的普通话教师进行培训。

其次，在教学过程中应当以听辨领先、诵读紧跟的方式进行训练，片面地走同步发展的路子未必适合学生。先让学生能听辨，然后进行阅读的训练，通过反复的听读帮助学生进行区别，给学生提供相关的参照读音，帮助学生听辨出不同的音高，然后才有读准辨明的可能。对学生容易出错的轻声搭配可以通过提供音高变化较为明显的一系列词，按照轻声的音高由高到低进行排列来帮助学生。对其他各种容易出错的声调搭配，也应该提供正确的声调搭配作为参照。

再次，对双音节词语的声调搭配训练，教师要讲清每类搭配的具体音高变化，并不断用练习进行强化刺激。同时，对双音节词语的声调搭配训练不仅只在语音培训课上要抓，在其他课上也应该做，让学生始终对声调的搭配处于一个听辨的判断过程。在具体的操作中可以采取"一人读，大家挑"的方式不断刺激学生，让学生的注意力始终集中在听辨上，通过不断的强化刺激使得学生养成自主听辨的意识习惯，一旦习惯成自然，学生的声调问题就可以自行解决。

除了上述几点外，我们又提出了如下两种纠正声调而提高说话技能的技巧，供民汉双语教学与研究者和师生们参考：

（一）给学生口头表演的机会

大学低年级学生乐于表现，模仿性强，对于某些表演性活动，更是爱做不厌，并且非常希望把自己的一些想法带到这种活动中来。通过演讲比赛、朗诵比赛等学习活动，为他们创造一个展现自己汉语水平的平台。

（二）按照课文声调进行朗读和朗诵

在口语教学实践中，朗读和朗诵作为口语表达训练的基础方式，是口语教学的主要环节，所以要格外重视。这种训练方式是口语交际的复述、交谈、讲演等多种训练方式的基础形式。在教学实践中，要把朗读和朗诵训练安排在发声技能、语调技能、态势语技能等单项训练之后，而在各种表达方式之首。

我们在多年的教学实践中，一直特别重视朗读和朗诵的训练环节。在讲授发声、语调、态势语等单项知识技能时处处联系朗读材料，使其有个较稳妥和很明确的内语境。在教学实践中，受观众的积极或是消极影响与学生本身主观因素的影响，学生在口语表演能力上呈现出截然不同的表现。一些学生当众朗读、讲演会显得极度紧张语不成流，甚至语无伦次、手足无措。但这些学生的绝大多数，在日常生活交际中就不会有这些表现。这是一种由于观众参与而影响活动者的活动水平与效率的心理现象。但有的学生在大庭广众之下朗诵、讲演时，最初虽有轻度紧张情绪，但很快进入情绪激活状态，无论是语调还是态势语都运用得得心应手，发挥出最佳水平，甚至超过他本人寻常的水平。这种超常发挥的表现，是观众带来的积极影响的表现。

1. 汉语与民族语言之间的发音差别。由于汉语与维吾尔语、哈萨克语属于截然不同的两种语系，它们的语音、词汇、语法和句型都有较大的差别。发音差异是民族学生最初遇到的极大困难。虽然大部分学生能表达大概意思，但是发音错误百出，这是让他们最头疼的问题。

2. 汉语与民族语言的表达方式的差别。两种语言组建句子上的不同阻碍了民族学生口头表达能力的发展。虽然民族大学生掌握很多词汇，但是他们不能及时组建准确的句子，表现出反应迟钝的状态。

3. 对实践环节的忽略。民族学生没有充分利用得天独厚的语言环境。当他们与汉族学生进行沟通感到吃力而不自然时，就会轻易放弃这样别扭的交流，把注意力又放到本民族学生身上。因为用母语进行交流让他们觉得自如舒服，所以他们经常会选择和自己的同胞们一起聊天、生活和学习。

为了解决这些问题，应该采取如下几种措施：

1. 为他们开设语音课程，纠正学生发音上的错误。

2. 让学生充分利用得天独厚的语言环境，多练口语，提高表达能力。

总之，在口语表达训练中，克服观众效应的消极影响，发挥学生的积极影响和有效改善学生的心理素质是提高学生的口语表达能力的一个有效途径。观众效应的消极影响作为口语训练中的一大障碍，使口头表达较差的学生焦虑不安，承受着极大的心理压力。当众口语表达活动失败之后，他们就会产生消极情绪体验，进而造成自尊心和自信心的丧失，最终导致心理失衡，形成很大的心理挫折。对这些因口语训练而产生恐惧心理的学生，一定要有耐心，要教会他们通过积极的自我暗示与自我激励来消除紧张，增强自信。老师要关注学生的点滴进步，并且要及时给予肯定并加以鼓励，以增强其自信心。还要注意多为他们创造口语实践的机会，让他们在实践中不断地提高口语表达能力，同时也会使他们加强个性修养、锻炼意志，提高自我调节和控制能力。

二、阅读技能的问题分析及其对策

汉语泛读课作为汉语阅读课程之一，其教学目的是培养学生的快速阅读理解能力。从学生的学习目的看，短期内，学生需要学习和掌握泛读课本的所有内容。从长远看，学生要为将来能够得心应手地阅读各类汉语材料做充分的准备。可是，学生在泛读课上的表现却不尽如人意。其表现为：首先，学生对泛读课的学习积极性不高，兴趣偏低。究其原因，大致可以归结为以下两点：其一，对课本没有兴趣；其二，教师的教学方法单一，不能激发学生的学习积极性。据了解，大多数汉语泛读课都使用统一的课本，课本内容不够多样化。例如，有的泛读课程以《报刊选读》课本为教材。这种课本内容单一，几乎全本书都是同类的报刊文章。根据对阅读课教学的建议，泛读课程内容应该包括各种类型、各种体裁的文章，如小说节选、故事、神话、议论文等。此外，教师的课堂教学活动通常按照一定的模式进行，如讲解词语、看课文及做课后练习。这样单一的教学活动导致学生对课本的依赖性强，学习主动性也变差，这样导致阅读学习变得枯燥，阅读方法不适合，学生只注意生词、语法等细节，而不注重对全文的理解。

针对这种情况，笔者认为对学生进行阅读技巧的教授和训练十分必要，这不仅能活跃课堂教学活动，而且能够帮助学生提高他们的阅读能力，最终达到泛读教学的目的。根据笔者研究，大部分研究只从老师的教学活动着眼，对老师提出教学改进方法，而很少有研究从学生的角度探讨阅读教学和阅读技巧教学。因此，本文将从老师和学生两方面着手，研究将阅读技巧融入少数民族汉语泛读课的效果。具体的研究课题有：第一，探讨学生对阅读技巧的了解程度；第二，学习和使用阅读技巧后，学生的汉语阅读水平有无变化；第三，学生对学习阅读技巧有何看法；第四，阅读课老师在阅读技巧培养方面能做什么。阅读课在对外汉语教学中占有很重要的位置。阅读课根据其教学目的的不同分为泛读课和精读课两大类，精读课侧重于知识，泛读课侧重于能力。因此，在对外汉语课程的安排中就分设了这两门课。"精读"和"泛读"是外语教学中的两种相辅相成的课程，两者是不能分开的。在我国，对少数民族汉语学习者（例如预科班学生和汉语言专业的学生）安排汉语课程时，汉语泛读课和精读课自然也成为学生的必修课。

最后，作为泛读课老师，在阅读技巧培养方面可以大胆尝试，勇于创新，让泛读课教学在理论的基础上更进一步。从本研究的结果来看，语言教师完全可以大胆地吸收和采用新的教学法，进行有创意的教学。这样不仅能够帮助自己不断地提高自己的专业技术水平，而且能够激发学生的学习热情，推动学生的积极性，让学生在轻松愉快的氛围中学习汉语。

问题：阅读课程内容枯燥无味，没有吸引力。学习专业文化课的时间短，知识面狭窄。

对策：公共课和专业基础课课时过多。

1. 以教材为主，准备相关课外内容，引起大家的注意。

2. 应采取课堂讨论、多媒体课件、电视电影教育等多种教学方式，提高教学效果。

3. 教师应与学生多交流、多沟通，了解他们的想法，营造友好快乐的课堂环境。

三、语法教学中存在的问题分析及其对策

（一）语法教学中存在的问题

汉语语法作为汉语文字、词语、句子及其规律的系统规范，在第二语言教学中有着十分重要的作用。小孩子可以从说话起学习第二语言，但是当成人学习第二语言时，必须从语法着手。我们的教学对象是民族大学生，汉语语法对他们来说，是掌握第二语言说话与写作规律的最佳渠道。通过我院学生的问卷调查，我们发现语法教学中存在一些问题，可以归纳为如下几种：

1. 语法课的内容深刻而枯燥，不易接受。

2. 教学讲课单一，无法引起学生的学习热情与积极性。

3. 语法教学应为学生听、说、读、写、译等技能的提高而服务。

（二）对策

1. 在语法教学中，教师要采取趣味性教学法，如语法游戏、朗诵熟语比赛、词义辩解竞赛等各种教学手段激发学生的学习热情与学习积极性。

2. 课文与语法要点密切地相结合，课文阅读不要与语法教学分开。

3. 教师要不断提高自身业务水平，精通汉语语法，争取学生的敬重与支持。

四、写作教学中存在的问题分析及其对策

（一）写作教学中存在的问题

汉语写作作为学生训练写作技能的课程，在第二语言教学中有着十分重要的地位。汉族学生的写作教学与民族学生的写作教学是截然不同的。民族学生从最基本的起点即正确地造句起学习写作技能，以培养汉语写作水平为宗旨；而汉族学生的汉语写作则以进一步提高与加强写作技能为目的。因此，在汉语教学中，我们要了解与掌握我们教学对象的基本情况。通过我院学生的问卷调查，我们发现写作教学中存在一些问题，可以归纳为如下几种：

1. 写作课的理论性较强，虽然学生掌握了写作方法、格式、内容以及文体，但是在用词造句方面问题仍然较多。

2. 写作课教学时数较少，每周四课时，学生没有更多的实践时间。

3. 以教师为主的教学方法影响学生独立操作能力。

（二）对策

1. 在写作教学中，教师要抓紧实践教学，通过作文竞赛、佳作讲评以及优秀学生讲自身经验等各种教学手段，激发学生的学习热情与学习积极性。

2. 应增加教学时数，为教师的指导与学生的课堂练习提供充足的时间，以便提高写作应用能力。

3. 教师将优秀的作文推荐到院报、校报以及各级报刊发表，肯定学生的劳动成果，鼓励学生积极学习与写作。

五、翻译教学中存在的问题分析及其对策

（一）翻译教学中存在的问题

《翻译理论与实践》课程是一门传统而历史悠久的课程。在长期教学过程

中，教师们总结了十分丰富的翻译教学经验。根据我院学生的问卷调查中反映的教学问题，我们可以归纳为如下几种：

1. 翻译理论教程内容过时，不满足社会需求。本院汉语言专业所采用的教材是 1989 年由新疆大学中语系教师编写的《维汉翻译理论与实践教程》，本书中的范文较老，政治用语偏多，趣味性弱，部分理论描述不符合目前的教学实际。

2. 教学讲课单一，无法引起学生的学习热情与积极性。在课堂教学中，教师过多地重视个别词语的翻译问题，没有关注课堂教学的整体性效果。

3. 学生接触与学习最新刊布的新词术语的机会较少，因此，在实习中，学生翻译最新术语时，感到十分陌生。

（二）对策

1. 组织有经验的教师，利用最近的翻译理论与方法，借用最新翻译范文，编写一个有较强的系统性、科学性以及实践性的新教材，以便提高学生的翻译技能。

2. 教师应采用在课堂教学中重实践轻理论的教学模式，让学生在实践中学习与把握理论要点。

3. 教师将优秀的译文推荐到院报、校报以及各级报刊发表，肯定学生的劳动成果，鼓励学生积极学习与写作。

4. 教师应及时收集整理在各类专业报刊中刊布的新词术语，适当地传授给学生。

总之，双语教学是由教学基础设施建设、师资队伍建设、教材建设和教学建设组成的一个系统工程。要提高教学质量和教学水平，除了解决师资、教材和教学设备等问题之外，一定要抓好第二语言教学的汉字、口语、阅读、语法和写作等具体教学环节。教学水平和教学技巧是促进教学发展的主要途径。本文对西北民族大学汉语专业维吾尔族、哈萨克族学生进行关于语法、口语、阅读、写作方向的调查研究，归纳学生提出的问题，总结了目前汉语教学中存在的实际问题。笔者从教学技巧、策略和教学方法的视角对这些问题提出了解决方案，为双语课堂教学提出了一些理论思考与建设性意见。

（注：本文是本人和同事黎小力合作撰写的，曾发表于《石河子大学学报》

增刊 2008 年)

参考文献:

[1] 钱伟长. 教育和教学问题的思考 [M]. 上海：上海大学出版社，2000.

[2] 李伟. 高等院校体育专业课程设置与教学指导手册（第一卷）[M]. 北京：社会科学文献出版社，2005.

[3] 李伟. 高等院校体育专业课程设置与教学指导手册（第二卷）[M]. 北京：社会科学文献出版社，2005.

[4] 李伟. 高等院校体育专业课程设置与教学指导手册（第三卷）[M]. 北京：社会科学文献出版社，2005.

[5] 戴炜栋，蔡伟良. 高校外语专业教学改革理论与实践：改革教学测试 [M]. 上海：上海外语教育出版社，2003.

[6] 廖大国. 写作导学 [M]. 北京：北京大学出版社，2001.

[7] 徐中玉. 大学写作 [M]. 上海：复旦大学出版社，2004.

[8] 马正平. 高等文体写作训练教程 [M]. 北京：中国人民大学出版社，2002.

[9] 陈果安. 现代写作学引论 [M]. 武汉：中南大学出版社，2002.

论翻译课教学中存在的问题及其措施

——以西北民族大学汉语专业翻译课程改革为例

课程设置是教学活动中极其重要的一个环节。课程设置合理与否直接关系到教学宗旨，最后影响教学质量与教学效果。在教学实践过程中，我们发现了汉语专业课在课程设置上存在的问题。从课程设置来讲，公共课程与基础汉语课程占整个课程的四分之三，然而专业课程却只占四分之一。这一比例说明学生在学习专业知识量与学习时间上是不合理的。这一情况说明我们需要重新调整旧教学计划的课程设置与课程安排。随着我国高等教育教学改革的深入与发展，高校教育工作者对课程设置重要性的认识与了解日渐得以加强。很多教育家从不同的角度对不同的专业进行了科学的探讨，提出了富有借鉴性的论点与见解。本文在参考前期成果的理论观点与考察教学对象的基础之上论述了汉语言课程设置的问题及其改革措施。

一、汉语专业翻译课程的历史演变

汉语专业是××学院的四个本科专业之一，其历史十分悠久。根据历史发展，翻译教学可分为维译汉教学阶段与汉译维教学阶段，具体过程如下：

（一）维译汉教学阶段

1951 年 2 月，根据中央人民政府政务院颁布的两个试行方案（《培养少数民族干部试行方案》和《筹办中央民族学院试行方案》）和西北军政委员会的命令，我院开始设立长期班本科、预科和短训班（军政干部训练班）三个教学系统。对在校的 400 余名学生按其志愿和考试成绩分系编班。汉语言文学系的前身语文系宣告正式成立。当时分设蒙古语、藏语、维吾尔语三个专业组，共

75

53人。根据解放初期新疆的建设与生产需求，中共中央决定培养一大批维汉翻译人才。由于当时新疆缺乏翻译人才，尤其是维汉翻译人才，开设这一专业是时代与社会的需要。当时的翻译理论课作为维语翻译专业的主干课，主要是以维译汉理论与实践为基础的。

1952年5月12日语文系开始第一次制订暂行教学计划，使教学工作初次纳入计划的轨道。1952年7月9日中共西北局办公厅转来宣传部、统战部对语文系教学计划的批复。西北民族事务委员会亦于7月2日批复基本同意语文系教学计划。计划规定："本系任务是培养能听、能说、能写、能读的翻译人才，即对会议报告和一般讲课都能口头翻译，对普通文件和书刊能够用文字翻译；教学方针是以语文为主，兼学其他。学习期限是三年，争取提前毕业。"

1952年11月3日西北大学文学院民族学系和兰州大学文学院少数民族语文系的全体师生于23日并入语文系。计有教授3人，副教授7人，教员10余人。1952年11月10日在院系调整的基础上，语文系由原来的蒙文、藏文、维文三个专业组，扩大为三个专业方向。1953年9月30日我院学习苏联经验，采取"五级分制"，并在语文系维、藏、蒙语文专业1956秋级各班以及预科一班先行设点。1953年11月3日院务会第23次会议通过决议，在语文系设立汉文班，招收有一定汉文基础的藏族学生学习汉语文。

1954年3月9日院务委员会第四次会议讨论通过"语文系一九五三——九五四学年度第二学期教学工作实施计划"。1956年2月15日教育部批复同意我院将语文系学制由三年延长为四年的报告和培养目标中增加培养语文研究人才一项。5月29日，根据教育部的精神，批复语文系在三年制的原有基础上修订教学计划，增加到民族地区实习的内容。院务会议讨论并通过了语文系修订的教学计划。1962年7月语文系维吾尔语言文学专业停办。1963年8月13日第九次院务会议通过了语文系汉语言文学专业。1965年12月29日，语文系停止招生，所有专业停办。1970年民院撤销，语文系亦撤销。

（二）汉译维教学阶段

1977年3月30日，恢复建立语文系汉语文、藏语文和蒙古语文三个教研组。1978年3月21日复办的语文系被分设为汉语言文学系和少数民族语言文学系，汉语系以独立的身份诞生。1978年9月6日语文系成立蒙古语文教研室、藏语文教研室、维语文基础课教研室、汉语文教研室、资料室。1979 年 4 月 20 日汉语言文学系正式分出，包括维语班和普通班。1979 年 6 月 27 日院党委讨论通过汉语言文学系维语班和普通班教学计划。1979 年 7 月 30 日，原汉语教研室改为现代汉语教研室、古代文学教研室、语言学教研室、文选与写作教研室、维文教研室。1979 年之后，在以前的维汉翻译班的基础上增招了汉维翻译班。维汉翻译班的学生是以学习维语、学习维译汉为基础的，在学生中有汉族、回族以及民考汉学生；汉维翻译班的学生是以学习汉语、学习汉译维为基础的，教学对象是来自新疆的维吾尔族学生，其中有少量的哈萨克、塔塔尔、柯尔克孜、乌兹别克以及塔吉克等各民族学生。汉维翻译班的开设是当时新疆建设与经济发展的需求。随着时间的推移，会说汉语的维吾尔族人越来越多了，维译汉方面有一批人才，新疆的经济与社会发展需要又一批汉译维人才。由于社会需求，汉维翻译班应运而生了。

二、翻译课程设置存在的问题

汉语言专业课程设置有很多问题：其一，基础技能课偏多，专业课偏少。其二，公共课的比例高，文化课比例低。汉维翻译专业的学生必须精通两种语言与文化，同时有较为宽泛的人文知识，否则不能当一名合格的翻译人才。在教学实践中，本人发现如下几个问题：1. 由于学生学习基础汉语的时间较多，再加上学生投入英语复习的精力相当大，没顾上一些相关专业课和文化课的阅读和学习。2. 在课堂教学时，本人发现学生对最基本的文化常识理解和认识十分肤浅。这对学生就业带来很大的障碍与困难。作为当代信息化时代的大学生，应当掌握一些基本的人文知识。这是时代和社会的需求。

（一）翻译专业课门数少。

1952 年，自维语专业开设以来，翻译课充当专业主干课的角色。翻译理论与实践课作为一个传统的专业课程，其课时在各个时期曾经得到了不断的调整。一般，一个学期 4 课时，一年三个学期或是两个学期，学分 6 个或 8 个。不管这一门课历史多久，效果多好，一门专业课的教学效率毕竟是有限的，一门课不可能使学生在翻译原则、技能与水平等诸方面得到全面的提高，这需要以相关的专业课设置来补充。

翻译理论与实践课是开设时间最早的一门课，1952年至2000年，在汉语翻译专业课程设置中，只有一门翻译理论与实践课。2000年，王德怀副教授开设了可以任意选修的熟语学翻译课，再过5年，阿布都外力博士开设了应用文翻译。从这一课程设置发展过程来看，翻译类课程的设置速度缓慢，功课门数极少。这是目前学生专业水平达不到社会需求的主要原因之一。

（二）课时不足。

目前，虽然增补了一些翻译课程，但是对根据教学目的与要求完成教学任务来说，翻译课的学时不够满足教学需求。翻译理论与实践课作为唯一的翻译专业课，从1979年至今一直处于专业主干课，上课情况是：

上课时间：144课时/一个学期，一共一年。

教学方法：词的翻译法、句子的翻译法、段落的翻译法以及各种文体的翻译法等方面。上课对象：汉语言专业三年级。

在2005年度制订的教学方案中，专业平台总课时792课时，汉语专业总课时3456课时。其中，翻译课时数144学时，8学分，熟语学36学时，2学分，应用文翻译36学时，2学分，一共216学时，14学分。从专业课平台总课时的比例与汉语专业总课时的比例来看，学分与学时分别占18%、7%。本专业的总体培养目标：培养适应西部民族地区的社会文化发展需求，具有高度的政治思想水平，具有正确的民族观且熟知国家民族政策，德、智、体、美、劳全面发展，专业基础扎实，实践能力强，业务素质高，富有创新精神、实干精神和发展潜能的汉语言翻译、教学、研究等复合型人才。翻译人才是本专业培养的最重要的目标，翻译课教学是达到这一目的的基本途经。从课程设置与比例来看，基础汉语课在学时与学分中占主导地位，而翻译课课时比例很低，在较短的时间内培养有水平的翻译人才是一件难度很高的事。因此，为了有效地完成教学任务，提高学生的翻译能力，我们应适当地增加翻译类课程的时数。

三、课程设置的改革措施

（一）增加翻译课

我们目前有三门翻译课，即翻译理论与实践课、熟语学翻译课和应用文翻译课。这些翻译课的数量足以说明翻译课的门数确实很少。我们应该调整原有的教学方案和教学计划，增加一些翻译类专业课，突出专业方向的针对性和科学性。

通过新课的设置与实施，我们可以达到全面而科学地培养翻译人才的目的。这些课程将是对翻译理论与实践课程的有力补充与拓展，它们的设置可以充分体现汉语翻译这一老学科的优势，使学生逐步适应社会就业的需求，进而提高学生的专业水平。从这个意义来讲，新设置的翻译课会有利于教学质量，有利于本科教学。

（二）增加课时

根据各门翻译课的教学大纲，我们可以发现教学内容与教学时数之间的不对称。很多翻译的教学内容比较丰富，但是课时似乎较少。课时缺少现象会影响到教学内容的正常进行。因此，翻译课需要增加一些课时。

（三）编写特色教材

汉语翻译是我院的一门老学科，已经有 50 多年的历史。1950 年建校之后，我校成立少数民族培训基地，其中有藏、蒙、维三个教学组，为西北地区培养少数民族干部。当时维语教学的侧重点是翻译，培养目的是翻译人才。我们教研室已经出版了《汉维——汉维翻译理论与技巧》《维汉民间文学比较》等教材。准备策划出版《应用文翻译技巧与实践》（2008 年出版）、《维吾尔族熟语学翻译》（即将出版）、《新闻翻译教程》《维吾尔族文学翻译史》《〈红楼梦〉翻译研究》《〈三国演义〉翻译研究》和《〈水浒传〉翻译研究》等教材。教研室组织我室教师，准备编写《文学翻译与汉族文化》《文学翻译与俄罗斯文化》《文学翻译与阿拉伯文化》《文学翻译与波斯文化》等文化与翻译系列丛书。

特色教材编写也是其中的一个措施：

1. 组织整合现有教师队伍，发挥教师们的优势，编写特色教材。

2. 出于实际情况，认真做计划，按步骤开展工作。

3. 充分发动新疆各地我院毕业生，搜集有关资料，做搜集整理工作。

4. 申报我校、省、国家教材经费项目，争取教材出版经费。

5. 调动我院研究生、本科生，在新疆进行田野调查，搜集第一手资料，为教材编写筹备资料资源。

（四）加强翻译资料库建设

为了加强实践环节，改善学生课余学习环境，提供学生理论与实践相结合的机会，我们提倡创建一个翻译资料库。在资料库中，我院将订阅《乌鲁木齐晚报》（维文）、《工人时报》（维文）、《新疆日报》（汉、维文）、《民族文学》《作家文学》《世界文学》（维文）、《文学译丛》（维文）、《西部文学》等报刊，同时将这些杂志过刊加以复印装订。我校教研室联系新疆人民出版社、民族出版社以及新疆青少年出版社，搜集《红楼梦》《三国演义》《水浒传》《悲惨的世界》《李自成》《漂亮的朋友》《少年维特的烦恼》《静静的顿河》《复活》《青春之歌》《断头台》等国内外名著的汉文版、维文版，以便学生课外阅读学习。

（五）创办内部学生翻译杂志

目前，学院领导同意学生创办内部译文集子，类似于内部交流杂志。这一创举将会提高学生的实践能力。学生选用力所能及的汉文作文，自己翻译、自己编辑、自己排版、自己印刷发行。他们直接参与翻译活动以及办刊过程，得到了一个很好的锻炼机会与实习机会。

总之，翻译类课程的重新设置与补充是一项十分必要的改革。这是一项有利于促进本科教学评估的系统工程。为了提高教学水平，拓展学生的专业视野，加强学生的专业技能，进而扩展学生的就业机会，我们要及时地对旧教学计划进行适当的调整与改革。为此，我们呼吁我校各级领导对此问题要给予高度重视，在政策与经费方面提供一些必要的支持。

（注：本文发表于《消费导刊》2008 年第 2 期）

参考书目：

1. 钱伟长. 教育和教学问题的思考 [M]. 上海：上海大学出版社，2000.

2. 李伟. 高等院校体育专业课程设置与教学指导手册（第一卷）[M]. 北京：社会科学文献出版社，2005.

3. 李伟. 高等院校体育专业课程设置与教学指导手册（第二卷）[M]. 北京：社会科学文献出版社，2005.

4. 李伟. 高等院校体育专业课程设置与教学指导手册（第三卷）[M]. 北

京：社会科学文献出版社，2005.

5. 戴炜栋，蔡伟良. 高校外语专业教学改革理论与实践：改革教学测试 [M]. 上海：上海外语教育出版社，2003.

6. 人民教育出版社《外国教育丛书》编辑组编. 中小学教学改革的理论和实际 [C]. 北京：人民教育出版社，1979.

7. 教学实验研究小组. 教学改革实验报告 [R]. 北京：教育科学出版社，1982.

加强《中国民间文艺理论》课程教学，尽快建立中国文艺学学科学术话语体系①

    中华人民共和国成立70周年来，我国民间文艺学得到了长足的发展。20世纪50—60年代，在党和国家领导人的亲切关怀以及相关政府部门的组织推动下，文化部和中国民协等单位组织相关人员开展了新民歌、中国四大传说、三大史诗（《格萨尔王传》《江格尔》《玛纳斯》）以及阿凡提故事搜集整理和翻译出版工作，首次开拓了民间文艺领域的田野作业。我们以英雄史诗《玛纳斯》为例讲授。60年代，中国民协主席贾芝先生组织以陶阳为组长的史诗《玛纳斯》民间田野调查工作组，联合新疆文联和新疆克州党和政府，采录了享有当代荷马之称的大玛纳斯奇居素甫·玛玛依的《玛纳斯》演唱本。陶阳先生带领由刘发俊、沙坎、侯赛因阿吉等汉族、柯尔克孜族组成的田野调查组在新疆阿图什市和阿合奇县开展了其他《玛纳斯》史诗歌手的演唱本，同时搜集了与史诗相关的地方社会历史文化方面的第一手资料，以便更好地注释《玛纳斯》史诗。这是60年代进行的一次十分科学而详细的民间田野调查活动。之后，陶阳先生又一次组织人员到克州进行了田野调查（这次调查组里有尚锡静、郎樱等新工作人员），搜集了《玛纳斯》唱本部分内容，集体翻译了这些第一手资料。这是十分珍贵的资料。②

    改革开放40年来，中国民间文艺学进入了一个新发展阶段。20世纪80年代，中宣部、文化部和中国文联组织开展的"三套集成"工作，是在中国民间文艺学

---

① 本文系西北民族大学本科教学建设项目（编号2017XJZDFCJXTD_ 03）"维吾尔语言文学主干课程重点扶持教学团队"的阶段性成果。
② 陶阳. 英雄史诗《玛纳斯》调查采录集［C］. 北京：中国文联出版社，2011.

领域里一个规模宏大、数量大、规格高和参与人数最多的民间文学搜集整理运动。自从 80 年代起，中国学者大量引进了西方文艺理论，从西方理论与方法开展了中国神话、传说、民间故事、史诗、民歌和民间叙事诗诸多体裁研究，相继诞生了一大批民间文艺研究学术著作，大力促进了我国民间文艺学学科建设。

在我国各高校里，都先后开设了民俗学课、民间文学概论课等本科课程，在北京大学、北京师范大学等高校里，开设了民俗学、民间文学硕士点和博士点。在一些民族高校和民族地区高校开设的中国少数民族语言文学硕士点和博士点开设了少数民族民间文学研究方向，大力促进了民间文学人才培养建设。

回顾中国民间文艺学研究的学术研究历程，我们会发现，以中华神话学母题体系研究、中国故事学研究、三大史诗研究为代表的重大课题，充分证明了改革开放 40 周年的中国民间文艺学所取得的重大理论成果。改革开放 40 年来，中国学者翻译和介绍了很多西方文艺理论，其中有神话学、主题学、叙事学、母题学、精神分析法、口头传统理论、表演理论、民族志诗学、功能结构主义、形式主义和接受美学等对民间文艺学产生深刻影响的文艺理论。这些西方文艺理论为中国民间文艺学的发展发挥了重要作用。

我们为这些成绩感到十分自豪的同时，我们不得不反思，新时代中国民间文艺学话语体系的建构问题。

党的十九大报告指出，中国特色社会主义进入了新时代。中国特色社会主义文艺也进入了新时代的重要发展阶段。新时代要求新作为、新担当。改革创新是新时代所提出的主要命题。民间文艺学学界面对新时代，要积极探索中国民间文艺学话语体系建设的新使命。2016 年 10 月 17 日，习近平总书记《在哲学社会科学工作座谈会上的讲话》中强调："我国是哲学社会科学大国，研究队伍、论文数量、政府投入等在世界上都是排在前面的，但目前在学术命题、学术思想、学术观点、学术标准、学术话语上的能力和水平同我国综合国力和国际地位还不太相称。要按照立足中国、借鉴国外，挖掘历史、把握当代，关怀人类、面向未来的思路，着力构建中国特色哲学社会科学，在指导思想、学科体系、学术体系、话语体系等方面充分体现中国特色、中国风格、中国气派。"① 我们要学习领会习近平总书记的讲话精神，在民间文艺学领域加强构建

① 习近平. 在哲学社会科学工作座谈会上的讲话 [M]. 北京：人民出版社，2016.

学科体系、学术体系和话语体系。2014 年 10 月 14 日，习近平总书记在《在全国文艺工作座谈会上的讲话》中强调："要以马克思主义文艺理论为指导，继承创新中国古代文艺批评理论优秀遗产，批判借鉴现代西方文艺理论，打磨好批评这把'利器'，把好文艺批评的方向盘，运用历史的、人民的、艺术的、美学的观点评判和鉴赏作品，在艺术质量和水平上敢于实事求是，对各种不良文艺作品、现象、思潮敢于表明态度，在大是大非问题上敢于表明立场，倡导说真话、讲道理，营造开展文艺批评的良好氛围。"① 为了加快构建中国特色民间文艺学学科体系、学术体系和话语体系，我们要解决好三个方面的问题：其一，马克思主义民间文艺学学科、学术和话语体系构建问题；其二，继承创新中国古代文论优秀遗产问题；其三，批判借鉴西方文艺理论问题。

一、马克思主义民间文艺学学科、学术和话语体系构建问题

马克思主义是我国各项工作的指导思想，也是哲学社会科学研究的指导思想。马克思和恩格斯在经典著作中深刻阐述了古希腊神话的艺术魅力问题，论及了现实主义创作方法问题、典型形象、历史悲剧、艺术倾向性和历史标准及美学标准等一系列文艺理论问题，对文艺理论研究产生了很深刻的影响。列宁在《党的组织和党的出版物》中也讨论了文艺的阶级性问题、文艺的人民性问题和尊重文艺规律问题。毛泽东同志在《在延安文艺座谈会上的讲话》中进一步强调了文艺为人民群众服务的问题。邓小平同志坚决支持文艺"双百"方针，明确指出，尊重作家艺术家的创作个性问题。江泽民、胡锦涛同志都强调了文艺为社会主义服务、为人民服务的问题。习近平总书记在《文艺工作座谈会上的讲话》中强调了加强以人民为中心的创作、文艺创作的社会主义核心价值观和社会主义文艺批评工作。党的十八大以来，习近平总书记关于文艺工作的一系列论述，与我们党的文艺思想一脉相承又与时俱进，充分体现了马克思主义认识论和方法论。② 习近平总书记关于文艺的重要论述与马克思主义文艺理论一脉相承，如他提倡的文艺"全球化"问题与马克思、恩格斯在《共产党宣

① 习近平. 在全国文艺工作座谈会上的讲话 [M]. 北京：人民出版社，2015.
② 中共中央宣传部. 习近平总书记在文艺工作座谈会上重要讲话学习读本 [M]. 北京：学习出版社，2015：前言.

言》中所提及的"世界的文学"的观点十分吻合。习近平总书记提出的文艺批评标准"历史的、人民的、艺术的、美学的"观点，就是恩格斯的文艺批评的历史标准和美学标准的继承与发展。因此，我们要学习领会和提炼马克思主义经典著作中的文艺理论体系，进一步继承和发展马克思主义文艺理论，进一步加强学习和运用马克思主义民间文艺学理论与方法。

二、继承创新中国古代文论优秀遗产问题

我国古代文论拥有十分丰富的理论著作，在文学起源论、创作论、文体论和鉴赏论诸多领域有较为系统的文艺理论论述。《礼记》、陆机的《文赋》、刘勰的《文心雕龙》、钟嵘的《诗品》等文献都讨论了文学创作和文体问题，提到了创作主体与创作客体——大自然的关系问题。我国古代文论具有集体性、民族性和继承性特点。我国历代文论家继承与创新前人文论，有许多历代文论家共同完成古代文论的理论体系。中国古代文论形成于以儒家、道家和佛家为主的中国传统思想土壤里。因此，中国古代文论具有民族性和多样性特点。我国古代文论概念，不像西方文论那样有固定的界定和明确的阐释。后来文论家不断地就这些概念添加理论阐述和学术内涵，这大大拓宽了文艺理论的理论空间。我们要提炼中国古代优秀文论的开放性、延展性和多样性，为进一步构建中国文艺学，尤其是民间文艺学奠定基础。

三、批判借鉴西方文艺理论问题

从鸦片战争以来，中国翻译和介绍了西方科技、社会科学和文艺诸多领域的理论成果。自从改革开放以来，中国学者大力翻译介绍了西方文艺理论，为促进我国文艺研究尤其是民间文艺研究，发挥了不容忽视的作用。今天，在高校课堂上、在学术会议上、在学位论文选题上都是西方文论，它的主导地位构筑起了西方文论的话语霸权。对此，我们要引起高度警惕。西方文论虽然有较强的逻辑性、科学性和学理性，但其主要观点和方法与我国民间文艺现象、民间文艺作品，尤其是活形态的口头文艺表演活动的实际有很多不符合之处，无法很好地解决中国民间文艺学的实际问题。新世纪之初，我国大量引进西方文论，是为了解决当时文艺理论中存在的一些问题，包括中国民间文艺学在内的

中国文论，经历了马克思主义文艺理论和西方现代文论的接受和运用，目前需要构建中国文论学科、学术和话语体系，这是时代的必然、历史的必然和学科的必然。女性主义、后结构主义、解构主义、符号学和后殖民论等近现代西方文论具有一定的片面性、极端性和局限性。因此，我们要批判地对待西方文论，创造性地借鉴表演理论、口头传统理论、故事功能论、叙述学和接受美学等民间文艺学理论与方法，将其与马克思主义民间文艺学体系、中国优秀传统文论适当地相结合，加以运用解决中国民间文艺学中的创作、表演、传播、接受和鉴赏等一系列理论问题。

（注：本文发表于《中国民族博览》2019 年 12 期）

参考文献

1. 习近平. 在哲学社会科学工作座谈会上的讲话［M］. 北京：人民出版社，2016.

2. 中共中央宣传部. 习近平总书记在文艺工作座谈会上重要讲话学习读本［M］. 北京：学习出版社，2015：前言.

3. 屈海燕. 中国特色马克思主义文艺理论学术话语体系的当代构建［J］. 知与行，2017（10）：67-71.

4. 新时代中国人文社会科学话语体系建设应有的三个追求——以文艺理论话语体系建构为例［J］. 山东社会科学，2019，281（1）：18-24.

5. 夏燕靖. 建构中国古典艺术理论之当代话语体系的价值与路径［J］. 中国文艺评论，2018（2）：33-45.

6. 林继富. 坚定文化自信，建设中国民间文艺话语体系［J］. 民间文化论坛，2017（2）：10-13.

7. 陶阳. 英雄史诗《玛纳斯》调查采录集［C］. 北京：中国文联出版社，2010.

8. 丁红美，吴京男. "建设中国民间文艺研究的话语体系暨2017年《民间文化论坛》编委会会议"在京举行［J］. 民间文化论坛，2017（1）：2.

论《玛纳斯》专题讲座的教学设计

《玛纳斯》是我国三大史诗之一，是中华优秀传统文化的组成部分。习近平总书记在《全国文艺工作者座谈会上的重要讲话》（2014年10月14日）、《全国民族团结进步表彰大会上的讲话》（2019年9月27日）中都强调了包括《玛纳斯》在内的我国三大史诗的文化价值和社会意义。

从2005年起，为了拓展学生文化视野，认识和了解我国优秀传统文化，我们为我校新疆班本科生开设了一门《玛纳斯》专题讲座的专业选修课，主要讲授了《玛纳斯》的形成、发展和演变过程，具体讲授了《玛纳斯》的人物形象、主题思想、叙事结构、审美特点和语言艺术诸多内容。2018年，学校批准了全校性公选课《玛纳斯》专题讲座，课程接受面得以扩大，来自全国各民族的大学生都能选择学习这一门文化课。

在课程教学过程中，我们设计了课程的教学内容、教学方法和教学考核等主要环节，我们要论述这一课程课堂教学的基本思路和步骤。

一、《玛纳斯》课程的教学内容

《玛纳斯》是一部历史悠久、内容丰富的柯尔克孜族英雄史诗。《玛纳斯》史诗篇幅浩瀚，规模宏大，我国《玛纳斯》歌手居素甫·玛玛依演唱的8部，共有23.2万行。《玛纳斯》广义指整部史诗，狭义指其第一部。与藏族史诗《格萨尔王传》、蒙古族史诗《江格尔》不同，史诗《玛纳斯》并非一个主人公，而是一家子孙八代人。整部史诗以第一部中的主人公之名得名。《玛纳斯》主要讲述了柯尔克孜族人民不畏艰险奋勇拼搏，创造美好生活，歌颂伟大爱情的故事。一共分为 8 大部。2006 年国务院批准《玛纳斯》列入第一批国家级非物质文化遗产名录，2009 年列入了世界口头与非物质文化遗产名录。

我们讲授《玛纳斯》课程的教学内容主要包括三个方面：其一，讲授《玛纳斯》生成、发展和搜集整理以及国内外研究状况。其二，讲授《玛纳斯》的文本研究，即史诗《玛纳斯》的主题、母题、人物、故事结构、美学特点和语言艺术等内容。其三，讲授《玛纳斯》歌手的学习与表演、听众的参与度、史诗《玛纳斯》的民间信仰、民俗以及比较研究。

（一）《玛纳斯》生成与搜集整理情况

关于《玛纳斯》的生成年代有不同的看法。第一是 8—10 世纪，柯尔克孜族叶尼赛河时期。[①] 第二是 10—11 世纪的阿尔泰—天山时期。[②] 第三是 13—15 世纪的蒙古时期。[③] 第四是 16—18 世纪的准噶尔时期。[④] 这些观点虽然有较大的差异，但都有各自的理由，因为《玛纳斯》史诗中反映了柯尔克孜族从古代发展到现在，从被奴役走向繁荣的漫长历史，不同历史时期的事件和人物，与各民族之间的交往都在史诗中留下了深深的烙印。[⑤]《玛纳斯》流传也十分广泛，在柯尔克孜族聚居区都得以流传。在中国新疆阿合奇、乌恰县、阿克陶县、塔城、特克斯县、昭苏县和塔什库尔干塔吉克自治县等地也广为流传。除此之外，国外吉尔吉斯斯坦、乌兹别克斯坦、哈萨克斯坦和阿富汗等国家都有流传。

中国《玛纳斯》的调查、采录工作先后 3 次大规模地加以开展。1961 年，中国民间文艺家协会工作组协同新疆文联、新疆社科院等单位到克孜勒苏柯尔克孜自治州进行了调查，摸底了情况。1964 年至 1966 年，中国民间文艺研究会、新疆文联和克州人民政府等单位到克州四个县进行田野调查，记录了《玛纳斯》部分内容，共 107 份，共计 12 万余诗行。第三次普查于 1979—1982 年，中国民协、新疆文联和克州人民政府又组成联合工作组，对《玛纳斯》进行了采录、整理、翻译和出版工作。1983 年，居素甫·玛玛依用 5 年的时间唱完了

① 郎樱.《玛纳斯》论［M］. 呼和浩特：内蒙古大学出版社，1999：85-86.
② 郎樱.《玛纳斯》论［M］. 呼和浩特：内蒙古大学出版社，1999：87-88.
③ 郎樱.《玛纳斯》论［M］. 呼和浩特：内蒙古大学出版社，1999：100.
④ 郎樱.《玛纳斯》论［M］. 呼和浩特：内蒙古大学出版社，1999：100.
⑤ 托汗·伊萨克，阿地里·居玛吐尔地，叶尔扎根·阿地里. 中国《玛纳斯》学辞典［M］. 北京：中央民族大学出版社，2017：252.

《玛纳斯》史诗八部。1992 年 9 月，在阿合奇县召开了全疆《玛纳斯》演唱大会，43 位歌手同场演唱史诗，录制了数十盘录音带，推动了《玛纳斯》的收集和整理工作。① 1984 年至 1994 年，编委会编辑出版《玛纳斯》史诗资料工作。1995 年，《玛纳斯》8 部 18 卷全部正式出版。

（二）《玛纳斯》主要内容

中国版《玛纳斯》第 1 部长达 73000 多行，故事情节最为曲折动人，也流传最广。

第 1 部《玛纳斯》，也是最精彩的一部分，叙述了第一代英雄玛纳斯联合分散的各部落和其他民族受奴役的人民共同反抗卡勒玛克、契丹统治的业绩，主要讲述穷卡杂特（qong kazat），翻译过来就是大战争的意思。

第 2 部《赛麦台依》，叙述玛纳斯死后，其子赛麦台依继承父业，继续与卡勒玛克斗争。因其被叛逆者坎乔劳杀害，柯尔克孜族人民再度陷入卡勒玛克统治的悲惨境遇。

第 3 部《赛依台克》，描述第三代英雄赛麦台依之子赛依台克严惩内奸，驱逐外敌，重新振兴柯尔克孜族的英雄业绩。

第 4 部《凯耐尼木》，述说第四代英雄赛依台克之子凯耐尼木消除内患，严惩恶豪，为柯尔克孜族人民缔造了安定生活。

第 5 部《赛依特》，讲述第五代英雄凯耐尼木之子赛依特斩除妖魔，为民除害。

第 6 部《阿斯勒巴恰、别克巴恰》，讲述阿斯勒巴恰的夭折及其弟别克巴恰如何继承祖辈及其兄的事业，继续与卡勒玛克的统治进行斗争。

第 7 部《索木碧莱克》，讲述第七代英雄别克巴恰之子索木碧莱克如何战败卡勒玛克、唐古特、芒额特部诸名将，驱逐外族掠夺者。

第 8 部《奇格台依》，叙说第八代英雄索木碧莱克之子奇格台依与卷土重来的卡勒玛克掠夺者进行斗争的英雄业绩。

史诗的每一部都可以独立成篇，内容又紧密相连，前后照应，共同组成了

---

① 托汗·伊萨克，阿地里·居玛吐尔地，叶尔扎提·阿地里. 中国《玛纳斯》学辞典[M]. 北京：中央民族大学出版社，2017：411-412.

一部规模宏伟壮阔的英雄史诗。

我们要给学生系统地讲授《玛纳斯》中的玛纳斯、赛麦台依、赛依台克、凯耐尼木、赛依特、别克巴恰、索木碧莱克和奇格台依八个英雄人物形象以及勇士巴卡依、阿勒曼别特、楚瓦克、阔克确、色尔阿克、阿吉巴依等人物形象，同时教授《玛纳斯》中的爱国主义、英雄主义和人民主义思想。我们从叙述时空、叙事结构和叙述聚焦角度讲《玛纳斯》的叙述特点，还要从美学视角探讨《玛纳斯》史诗的悲剧美和崇高美。

（三）《玛纳斯》的民俗及其比较研究

《玛纳斯》是柯尔克孜族百科全书式史诗，内容涉及面十分广泛，有古代历史、语言文化、文学艺术、天文历算、医学巫术、民间信仰和民俗习惯等内容。我们从民俗学角度讲授《玛纳斯》中的饮食民俗、服饰民俗、住宅民俗、交通民俗、民间信仰和民间游戏等内容。《玛纳斯》史诗中有大量描写祭奠、婚礼、赛马、叼羊等民俗现象，从中可以看到古代柯尔克孜族的风俗习惯和生活生产方式。我们还有阐述自然崇拜、图腾崇拜、祖先崇拜和求雨仪式及求子习俗等民间信仰文化。

史诗《玛纳斯》有祈子母题、神秘受孕母题、特异诞生母题、特异成长母题、苦难童年母题、少年立功母题、英雄结婚母题、远征母题、梦兆母题、阴谋母题和家乡被劫母题等一系列母题结构，与我国其他两部史诗《江格尔》《格萨尔》的情节单元有很多相似之处。这些英雄都具有非凡神力、刀枪不入，是为人民除害的君子好汉。他们的成长有很多相似的经历与困难，但他们以超群的智慧和力量战胜困难，最终完成艰巨的任务，为民造福。我们将《玛纳斯》与荷马史诗进行比较，从人物形象、故事结构、主题范式和口头程式诸多方面对二者加以比较，给学生梳理史诗学基本原理和共同的创造规律。

二、《玛纳斯》课程的教学方法

（一）讲授

在讲授《玛纳斯》专题讲座课程之时，我们主要采用一课一个讲座、独立成篇的讲授方式，我们已做了8个多媒体课件，是分别由《玛纳斯》概述、《玛纳斯》主题思想、《玛纳斯》人物形象、《玛纳斯》叙述特点、《玛纳斯》美学特征、《玛纳斯》歌手学与表演、《玛纳斯》史诗中的民间文化和《玛纳斯》史诗与东西方史诗比较研究八个部分组成的。我们每一次讲座都做了大量的图片、诗篇和文字说明，讲授过程有趣而生动。我们讲述一段内容，就会展示一段录像材料，加强了学生的感性认识和理性把握。

（二）讨论

在每两次讲座下半段，给学生留出 20~30 分钟时间，组织学生开展课堂讨论。一般设计的问题有"马克思、恩格斯对荷马史诗的评价""为什么早期产生英雄史诗""英雄史诗为什么滚雪球似的发展壮大""为什么《玛纳斯》史诗国内外都传播"等。学生可以在网上搜索相关资料或自己看书思考。为了讨论有效，我们会将讨论题提前布置给学生，以便学生能查看相关资料做准备。

（三）提问互动

在课程结束之后，我们为学生提供问答环节，在学生听课过程中，可以就不懂或理解不深的概念或内容进行提问。我们要针对学生提问进行解答，学生不满意的答案，我们承诺下次查阅更多的资料，给他满意的答复。我们通过一系列的提问环节，加强学生对课堂教学内容的掌握。

三、《玛纳斯》课程的考核方式

考核是教学环节中的一个重要部分，主要考查学生掌握知识点的程度。考试是考查的最主要的方式，无论是口试或笔试，都是课程教学考核的主要考核手段。《玛纳斯》专题讲座是一门选修课程，按照学校规定，选修课程没有考试，但是有考查。考查方式是多样的，单元测试、作业、论文、开卷考试或其他，根据课程内容进行设计和实施。我们这一课程设计了考勤、作业和课程论文三个考核环节。具体为：

（一）考勤

《玛纳斯》专题讲座是一门全校性选修课，供来自全校不同专业的学生选择。因此，课堂管理并不像一个专业班级那样规范和顺利。因此，我们要每一堂课进行点名考勤。一般来说，考勤在课前或课后进行。根据教学经验，考勤尽量放在课后，否则一些学生考勤点名之后第二节课就会悄悄地旷课。学生人数一多，教师不太会发现缺课的学生。因此，我们将点名考勤作为考核的重要一项。一般来说，学校规定旷课达到三分之一的学生取消考试资格，不给学分。我们严格执行学校这一规定，旷课、事假、病假次数达到三分之一者一律取消考试资格，来年重修。

（二）作业

我们课堂教学中期要求学生交一份学习心得体会，文字要求不高，1500 字左右，但是严格要求学生自己写心得学习体会，不能抄袭网络资料或书籍内容。否则，作业成绩以作弊处理，不给成绩，作业成绩在考核比例中占 40%。作业不合格时，期末成绩 100 分才能合格。

（三）课程论文

课程论文是《玛纳斯》专题讲座课程的最终成绩，我们要对此要求严格、具体和规范。学生结合自己所学专业特点，撰写《玛纳斯》的社会学、法学、民族学、历史学、文学、传播学甚至数字化等领域的课程论文，体现自己的专业特色，论述和议论占主导地位。除此之外，也要注意格式规范。封面有学生学号、姓名、专业、年级、课程和任课教师等信息，论文是务必由摘要、关键词、正文和参考文献等部分组成的。

总之，《玛纳斯》专题讲座是一门特色鲜明的文化类选修课，在本科教学阶段，是对拓展学生文化视野、加强民族文化、促进"中国民族一家亲"思想的一种积极探索。我们在课堂教学中发现了学生参与度不高、学生积极性不够的问题。针对这一问题，我们积极创新课程教学方法和考核方式，设计一些针对性的办法。第一，积极提问的学生在期末考核中加适当的分数；第二，积极参与课程讨论的学生增加适当的分数；第三，作业认真写的学生免除他的平时测试环节。我们要加强《玛纳斯》音视频课件建设，与其理论教授紧密地相结合，提升本课程趣味性，甚至尝试性地教给他们演唱《玛纳斯》的片段，提升他们的教学参与度，增强民族文化的亲身体验。

[本文发表于《中国民族博览》2005 年第 5 期，又刊载于英文期刊《教育和技术杂志》（International Journal of Education and TECHNOLOGY）2020 年第 1 期]

参考文献

1. 郎樱.《玛纳斯》论［M］.呼和浩特：内蒙古大学出版社，1999.

2. 阿地里·居玛吐尔地.《玛纳斯》史诗歌手研究［M］.北京：民族出版社，2006.

3. 阿地里·居玛吐尔地，托汗·伊萨克.《玛纳斯》演唱大师居素甫·玛玛依评传［M］.呼和浩特：内蒙古大学出版社，2002.

4. 托汗·伊萨克，阿地里·居玛吐尔地，叶尔扎提·阿地里.中国《玛纳斯》学辞典［M］.北京：中央民族大学出版社，2017.

5. 陶阳.英雄史诗《玛纳斯》调查采录集［M］.北京：中国文联出版社，2011.

如何讲好中国当代文学中的
"朦胧诗" 现象文献综述①

　　"朦胧诗"是我国当代诗坛上的一次革命性文学现象，是在中国新诗创作活动中影响十分深刻的诗歌类型。中国新诗从 20 世纪 20—30 年代开始在中国文坛上相继出现，挑战了古代诗歌韵律和格律传统，开辟了一条新的道路。无论是"七月派"新诗，或是"九叶派"新诗，都是在中国诗歌创作道路上的一个大胆的探索。朦胧诗也是中国新诗的一个新发展阶段，是一个值得关注的文学现象。我们给学生讲授这一内容时，首先要给学生讲清楚这一文学现象的定义、特点、主要代表诗人和研究状况。

　　朦胧诗，是指以舒婷、北岛、顾城、梁小斌、杨炼、江河、食指、芒克、多多等为代表的一批"文革"中成长起来的青年诗人的具有探索性的新思潮。朦胧诗孕育于"文革"中的地下文学，1980 年前后，朦胧诗迅速成为一股诗歌潮流。朦胧诗讨论中有关"崛起"的三篇文论有谢冕的《在新的崛起面前》、徐敬亚的《崛起的诗群》和孙绍振的《新的美学原则在崛起》。我们分别介绍北岛、舒婷、顾城和海子等"朦胧诗派"诗人及其代表性作品。

　　朦胧诗的特点：其一，思想内容上，从人道主义、个性主义的价值角度对动乱年代的苦难历史、人性毁灭、理性沦丧进行了深刻的反思和批判。重新确定人的自我价值，追求自由人格，呼唤人道主义和人性的复归。如北岛《回答》、舒婷《致橡树》、顾城《一代人》。其二，诗歌艺术上，意象化、象征化、哲理性。朦胧诗大都采取心灵独白和倾诉的视角，采用象征、暗示和隐喻的表

---

　　①　本文是与阿卜杜外力·艾萨博士合作完成的，特此说明。

现方法，注重形象、意象的刻画与表现，形式和语言具有"陌生化"效果。如舒婷《祖国啊，我亲爱的祖国》、梁小斌《中国，我的钥匙丢了》、顾城《远和近》。

百度学术以"朦胧诗"为关键词进行搜索相关文献，其总数可达到 14000 篇，从这一数据，我们可见朦胧诗影响之深。我们从中国知网篇名"朦胧诗"进行检索，可得知有 469 篇研究文献。我们从年代、学科、作者及其单位就朦胧诗研究进行一个宏观的分析，提出朦胧诗研究总体概况，微观分类分析朦胧诗的诸多方面研究情况，指出今后研究方向。

我们从 20 世纪 80 年代开始检索相关文章发表数量，80 年代的文章数量为 38 篇（其中 1988 年最高 11 篇，1982 年、1984 年分别为 2 篇）。90 年代的文章数量为 88 篇（其中 1992 年 1 篇，1995 年 12 篇）。2000—2010 年发表的论文数 234 篇（其中 2000 年 7 篇，2010 年 35 篇），呈现逐年上升趋势。2011—2017 年之间发表的论文数 124 篇（其中 2017 年 11 篇，2012 年 26 篇）。80—90 年代合计 126 篇，20 世纪以来发表的各类文章 358 篇，比 80—90 年代研究成果总和还多 232 篇。从研究成果来看，朦胧诗研究是从 80 年代起步的，逐年论文数量处于上升态势，进入 21 世纪，我国朦胧诗研究取得了数量和质量的提升。

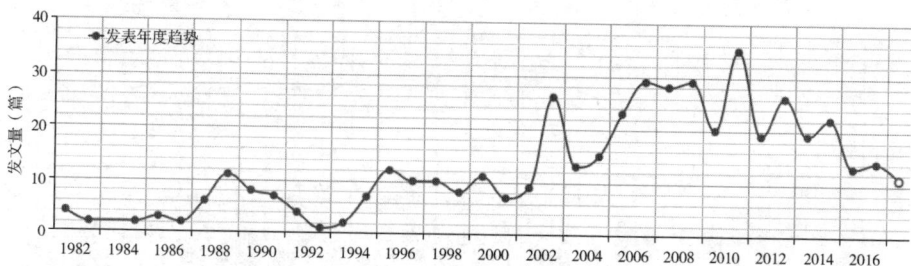

我们从研究层次来看，属于社科基础研究范围的论文数 361 篇，占 77.97%，比例最高，基础教育、行业指导、文艺作品、政策研究、大众文化和科普等研究依次占 9.29%、4.97%、2.38%、1.30%、1.08%、0.86% 等不同比例。

我们从作者及其单位来看，苏州大学徐国源和哈尔滨师范大学罗振亚分别是 8 篇，排名并列第一；燕山大学丛鑫 6 篇，排名第二；山东大学孙基林 5 篇，排名第三；湖南师范大学李幼奇 1 篇论文，排在最后。

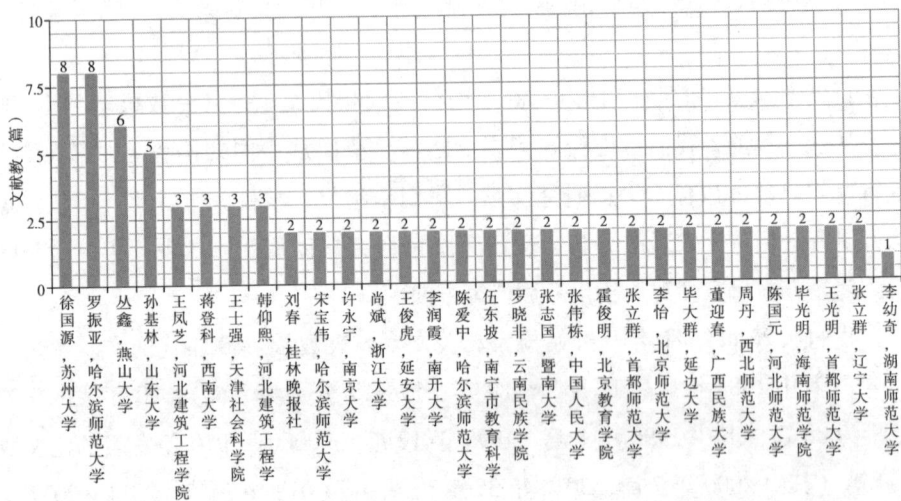

我们从论文署名单位及论文总量来看，哈尔滨师范大学 15 篇，排名第一；苏州大学和山东大学各 11 篇，并列排名第二；南京大学 10 篇，排名第三。除此之外，8 篇的有两家单位，7 篇的有一家，6 篇的有四家，5 篇的有三家，4 篇的有九家单位。①

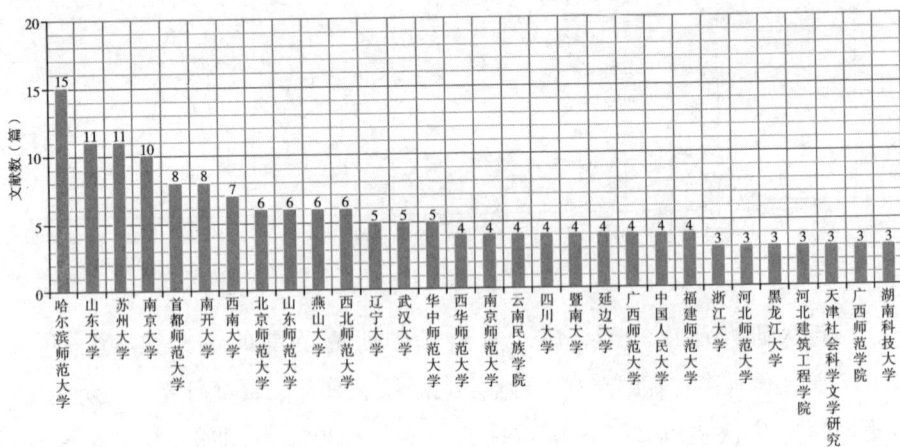

我们从项目基金资助来看，国家社科基金 15 篇，省级社科基金 1 篇，跨世

---

① 阿卜杜外力·艾萨. 维吾尔"朦胧诗"现象研究 [D]. 乌鲁木齐：新疆大学，2018.

纪人才培养项目1篇。

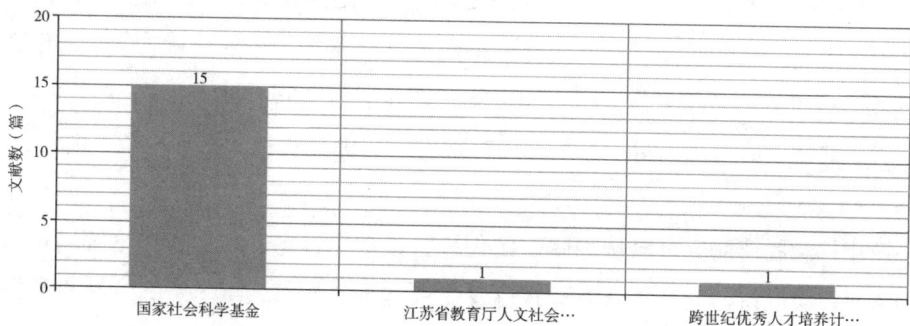

从学科分类来看，中国文学学科归类论文416篇，占论述总数的87.95%，比例最高。中等教育、世界文学、文艺理论、外国语言文学、出版、中国语言文学、美术、戏剧电影、音乐舞蹈和信息经济等学科分类分别占4.23%、2.54%、1.48%、0.85%、0.63%和0.42%等比例，涉及学科分类较多，论文内容较为丰富。

从文献出处的期刊来看，《文艺争鸣》12篇，比例为10.26%；《诗探索》和《当代文坛》分别8篇，比例都为6.84%；《文艺评论》和《海南师范大学学报》论文数量7篇，比例5.98%；在《文艺理论研究》《民主协商报》和《安徽文学》上发表的论文数量为6篇，比例为5.13%；《南方文坛》5篇，比例为4.27%。其余的5篇以下，比例分别为3.42%、2.56%和1.71%。

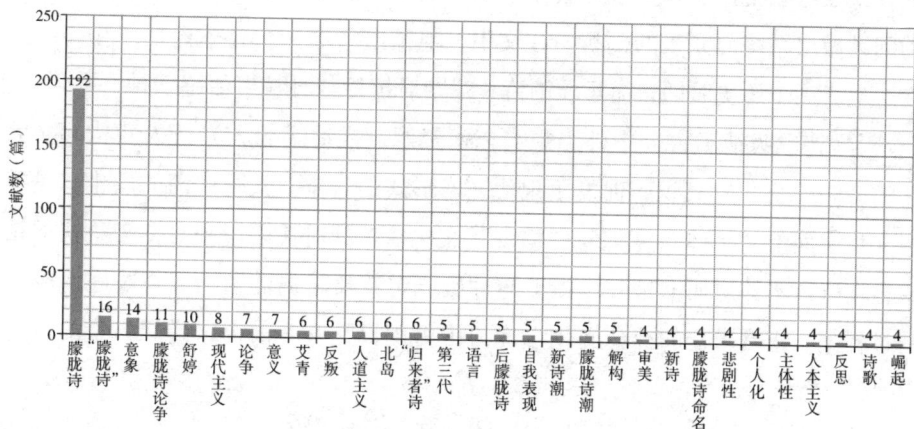

从关键词来看，朦胧诗 208 篇，数量最多，比例最高。其中从关键词的论文数量来看，关键词为"意象"的论文 14 篇，关键词为"朦胧诗论争"的论文 11 篇，关键词为"舒婷"的论文 10 篇，关键词为"现代主义"的论文 8 篇，艾青、北岛、新诗潮、新诗等关键词检索出来的论文数量分别为 6 篇、6 篇、5 篇、4 篇不等。

中国朦胧诗研究可以从朦胧诗的创作、接受或否定、欣赏和评论等诸多方面入手。朦胧诗研究具体分为朦胧诗发生或起源、特点、学术意义、缺点和探索等诸多研究领域或研究方向。根据国内研究状况，我们将就生发、生变、生成、发展和不足等问题依次开展概述。

暨南大学张志国的博士学位论文《〈今天〉与朦胧诗的发生》一文中，以诗刊《今天》为考察点，就中国朦胧诗的生发、生变和生成过程进行了细致全面的考察，提出了中国朦胧诗是在中国新诗的基础上适当吸引西方文艺思想和形式而生成的诗歌类型的观点。① 他指出，作为中国新诗发展方向的一座分水岭、当代中国诗坛上最引人瞩目的文化景观、一代乃至几代青年读者热情追捧的诗歌经典，朦胧诗自出现迄今已有 30 年。30 年来，这一众说纷纭的话题，始终受到诗坛与学界的关注。然而与这种热议极不相称的是，在研究领域，有关朦胧诗的历史叙述存在严重缺陷。迄今为止尚未有一部系统的朦胧诗史专著，究其缘由，其中最难攻克的正是朦胧诗的发源问题。本文立足于丰富的原始资料，采取诗歌文体学与文学社会学的研究视角，对朦胧诗缘何发生、如何发生的问题做出系统而深入的剖析。在文中，他指出《今天》诗歌经历了生发、生变、生成三个历史时期，命运漂泊诗、戏剧对抗诗与日常生活诗三种诗歌形态。《今天》诗歌吸纳了古今中外思想与艺术资源，推动《今天》诗人建构起多元化的个体"自我"意识，促发了现代艺术形式的自觉。朦胧诗潮的发生，是社会文化层面上"个体"意识与"整一"文化在新的时代语境中对话与争执的结果，在诗歌本体层面上是一场捍卫与冲破既定诗质格局的角力。在朦胧诗确立的过程中，求真求变的社会文化心理与历史逻辑是基本前提，民间力量的崛起

---

① 张志国.《今天》与朦胧诗的发生 [D]. 暨南大学，2009.

及重置诗坛权力格局的冲动是诗潮涌动的内在动因，官方场域的权力争执所带来的诗坛裂隙是诗潮涌现的渠道，而朦胧诗自身蕴含的现代"自我"诗质与新异诗艺成为催生新的社会话语的对象。在《20世纪60—70年代"前朦胧诗"的发生探源》中，王士强就朦胧诗的发生与前朦胧诗之间千丝万缕的联系进行了历史的梳理，以20世纪70年代后期创办的《今天》杂志为主线索追溯到了"文革"之前的中国新诗，称其为"前朦胧诗"。同时指出了朦胧诗发展过程和线路，提出了"前朦胧诗"与"朦胧诗"又不尽相同的观点。① 王文、曹帅奇在《论"朦胧诗"的起源、成就和衰减》一文中指出，朦胧诗起源于最早创办并影响广泛的《今天》，其刊登的作品，在后来的诗歌史叙述中被看作朦胧诗的核心，甚至被看作朦胧诗。1980年下半年，朦胧诗的名称被广泛使用并成为当时激动人心的思想。文中强调，朦胧诗"衰减"的原因部分在于朦胧诗影响扩大所带来的模仿和复制，而朦胧诗过早地"经典化"也造成对自身的损害，加上艺术创新者普遍存在的时间焦虑，加强了他们尽快翻过历史这一页的冲动。②

乔舒亚·弗里曼在《维吾尔朦胧诗派的起源、发展与两个方向》一文中指出，20世纪80年代后期维吾尔文学中出现了一批有新思路，用新的表现手法来表达复杂情感的年轻诗人，他们那些难懂而让人深思的诗歌吸引了许多善于创新的年轻读者。但是新诗歌也引起了已习惯于传统表达手法的老一代诗人的担忧。结果，像所有的新事物那样，年轻诗人的新诗歌成为新时期维吾尔文学中最引起争论的文学现象。作者认为，这一现象的发生，是中国文学与20世纪西方现代派文学广泛接触及交融的产物。文中强调，朦胧诗在维吾尔文学中也产生了一定的影响。本文主要介绍讨论了朦胧诗的四种重要特点、朦胧诗在维吾尔文学史中的地位和朦胧诗的蓬勃发展的条件以及就朦胧诗起源的争论等问题，并对今后朦胧诗歌的研究方向提出一些建议。③

---

① 张士强.20世纪60—70年代"前朦胧诗"的发生探源[J].扬子江评论，2014（2）.
② 王文、曹帅奇.论"朦胧诗"的起源、成就和衰减[J].甘肃政法成人教育学院学报，2006（2）.
③ 乔舒亚·弗里曼.维吾尔朦胧诗派的起源、发展与两个方向[D].暨南大学硕士，2012.

　　张朝晖在《"朦胧诗"的产生条件及其他》①一文中指出，1979年以来，"朦胧诗"以它自己的新姿态和新风格冲击了诗坛。也许因为它越来越朦胧，越来越不可思议，人们对它也越来越反感。"朦胧诗"引起了争论。否定方面认为"朦胧诗"仿照了西方现代派文学，继承了资产阶级现代派文学的抽象性。肯定方面则认为"写诗在某种情况下，要有点朦胧的意境"，所以朦胧诗只要能令人看懂，思想上过得去，一般来说是有它的存在价值的。

　　徐志伟在《论后朦胧诗语言观念的生成》一文中认为，从代表新时期诗歌主潮的朦胧诗到代表后新时期诗歌主潮的后朦胧诗，发生了一个明显的语言观念的转型。如果说朦胧诗的主要贡献是将诗歌的书写回归到它正常的抒情体式上来，只是一次诗歌写作上的拨乱反正，尚不具有诗学本体上的创造意义的话，那么后朦胧诗则表现出了一种对于生命或事物的存在本体和语言形式本体的高度关注。作者指出，在后朦胧诗人那里，愈加表现在他们诗歌中的是一种背离世界或经验进行非自我意识的描述及转向语言艺术。本文主要论述了朦胧诗的诗学贡献及其后就朦胧诗的影响问题，提出了朦胧诗对中国诗学理论架构贡献的观点。②陈迪文在其硕士论文《论"朦胧诗"意义的生成与消解》中指出，"朦胧诗"是我国20世纪70年代末80年代初兴起的新诗潮，它的出现标志着现代主义诗学的全面复苏。现在虽已不是诗坛热点，但并未失去谈论的意义。本文从分析"朦胧诗"与历史的关系入手，揭示了朦胧诗的意义生成与消解的缘由，旨在说明诗与史的紧张是"朦胧诗"意义之所在。联系新诗现代性的发生史来看，"朦胧诗"的意义是启蒙主义"元历史"赋予的，因而对当下诗歌写作而言，它是一个不断被遮蔽又不断被还原的背景，在暗中仍起重要的作用。本文共分四个部分：一、绪论：一个时代的碑记。在界定"朦胧诗"概念的基础上解读其意义，提出了"朦胧诗"与历史的紧张互动引起其意义的生成与消解的论点。二、第一章：历史的救赎。"文革"的社会历史最显著的特点是泛政治化，兽性历史制造的恐惧无所不在，对历史的抗衡性激情书写构成了朦胧诗的本质意义。上山下乡运动把一代知青抛向了历史的边缘，精神远征的失败促

---

　　① 张朝晖. "朦胧诗"的产生条件及其它 [J]. 云南民族学院学报，1985（1）.
　　② 徐志伟. 论后朦胧诗语言观念的生成 [J]. 艺术广角，2005（3）.

使他们反思，朦胧诗的意义在一代青年的精神裂变中塑成。以民刊《今天》的诞生为契机，一代诗人的文学集结改变了一体化的文学史格局，"朦胧诗"的时代来临。三、第二章：影响的焦虑。"朦胧诗"的命名和论争弱化了它的政治影响，在一定程度上消解了它的对抗意义。随着改革开放的开始，"朦胧诗"面临着精神转向，从北岛等五位象征人物的后期写作看，精神的撤离意味着早期"朦胧诗"意义的解构。"后朦胧诗"在文学领域解除了与历史的紧张关系，标志着"朦胧诗"意义的彻底消解。四、结语：诗比历史更永久。从中国新诗发展的历史看，"朦胧诗"承续了五四启蒙传统，是中国文学现代性建构过程的一个重要环节。在"元历史"的叙述中，作为政治寓言的"朦胧诗"仍有重要的意义。①

施祥爱在其《朦胧诗的艺术特点》一文中强调，20 世纪 80 年代在中国的诗坛上兴起的朦胧诗被很多研究人员视为是舶来品，其实这种看法是不全面的，朦胧诗的艺术特点无论是在创作题材、创作风格、表现手法、意象特征还是意境创造上除受到外国诗歌创作潮流的影响外，还与中国的传统文化相互结合，反应时代的发展特点。本文将从朦胧诗的创作过程与欣赏入手，对朦胧诗的艺术特点进行深入的分析和探讨，提出了朦胧诗是中西相结合产物的观点。② 外籍学者艾达对朦胧诗的特点以及它对中国当代诗歌发展的意义进行了较为全面的研究，提出了一些与众不同的观点。③ 蔡润田在其《朦胧诗的风格特点及其形成原因浅探》一文中，就朦胧诗的风格及其形成原因提出了一些自己的看法，这能有助于对艺术风格的深入探讨和对风格、流派与时代、作家间内在联系的研究。④ 李茜茜在其《〈相信未来〉为例浅谈朦胧诗的特点与教学要求》一文中指出，朦胧诗无论是在它的思想内容还是艺术表现手法上，都有自己独具一格的表现形式。作者试以朦胧诗的特点为切入口，以《相信未来》为例子，具体

---

① 陈迪文. 论"朦胧诗"意义的生成与消解 [D]. 武汉大学，2004. 11.

② 施祥爱. 朦胧诗的艺术特点 [J]. 文学教育（中），2012（8）：116-117.

③ Aida Akhmetova. 中国"朦胧诗派"的思想艺术特点 [J]. 文化创新比较研究，2018，2（3）：44-45.

④ 蔡润田. 朦胧诗的风格特点及其形成原因浅探 [J]. 山西师院学报（社会科学版），1981（4）：59-61.

阐释朦胧诗的特征，并进一步总结出朦胧诗在日常的教学当中的基本要求。①
于海丹在其《朦胧诗的传统审美艺术特征》一文中强调，朦胧诗无论是从题材、
风格、表现手法、意象及意境营造上，都深受中国传统文化的影响。文章将从
朦胧诗的创作和赏析入手，对朦胧诗所表现出来的传统美学特征进行初步的探
讨，以说明朦胧诗仍深深根植于中华传统文化。② 剑亭在其《交叉点上的艺
术——论"后朦胧诗派"的"后现代性"特征》一文中指出，"后现代性"虽
然最初起源于西方社会，是西方后工业社会的文化所表现出来的新理念、新的
思想倾向。但是"后现代性"特性并非仅仅西方具有，在地球另一面的遥远的
东方中国的文化世界里，在 20 世纪 80 年代中后期，悄然兴起了旨在对抗、颠
覆"朦胧诗派"的"后朦胧诗派"。这一诗派无论从它的诗学理论，还是诗歌
创作上来看，都体现出鲜明的"后现代性"特征。文章试图解读"后朦胧诗
派"的诗学观和诗歌创作中所体现出来的"后现代性"特征，来突显出东西文
化交叉点上的艺术。③ 王干在其《意象：艺术视知觉的复合空间——兼论朦胧
诗的审美特征》一文中指出，意象与意象派最早把意与象组合成一个词，并构成
美学概念的是刘勰。刘勰在《文心雕龙·神思》中提出了"寻声律而定墨"
"窥意象而运斤"。虽然"意象"作为美学的概念最早被中国人提出，但使"意
象"焕发出独特的艺术光彩并成为一种美学原则的却是现代英美诗。④ 王丽花
在其《朦胧诗的审美特征》一文中强调，朦胧诗产生于新诗潮诗歌运动，具有
不透明性和多义性的特点。它借鉴了西方流行的现代写作手法，但是也结合了
我国传统的创作习惯，体现出中国化、民族化的特色。本文将这些观点融入到
文学思潮的运动、发展中，从艺术手段方面来评价朦胧诗的审美特征。⑤ 黄英

---

① 李茜茜. 以《相信未来》为例浅谈朦胧诗的特点与教学要求［J］. 语文学刊，2011
　（17）：163+165.
② 于海丹. 浅析朦胧诗的传统审美艺术特征［J］. 中国高新技术企业，2007（11）：167+
　171.
③ 剑亭. 交叉点上的艺术——论"后朦胧诗派"的"后现代性"特征［J］. 重庆职业技
　术学院学报，2008（1）：137-139.
④ 王干. 意象：艺术视知觉的复合空间——兼论朦胧诗的审美特征［J］. 江淮论坛，1988
　（4）：83-88.
⑤ 王丽花. 论朦胧诗的审美特征［J］. 文学教育（中），2014（3）：41.

在其《朦胧诗的精神气质和审美特征》一文中指出，朦胧诗派在文革十年动乱之后，以独特的姿态登上了荒原一般的诗坛，给诗坛带来了一丝曙光。他们以自身特有的精神气质探求人性和生命本体，呼吁人道主义的回归。同时，在艺术形式上，也展现了他们特有的审美特征，在诗坛独树一帜。本文从审美学视角探讨了朦胧诗的主要审美特征。① 李平在其《朦胧诗的发展、变异及其文学史叙述》一文中指出，伴随着长达五六年的论争，朦胧诗由自发的艺术探索演变成自觉的诗歌运动，完成了现代主义诗歌的中国化，其不断涌现出的创新观念和先锋精神，对整个文学的发展产生了广泛影响。作者论述了朦胧诗性质、发展和变异。② 在《析中国朦胧诗的发展轨迹》一文中，任文波探讨和研究了中国朦胧诗的 5 个阶段的发展情况，揭示了中国朦胧诗风从古典走向现代、从阴柔走向阳刚、从封闭走向开放的演绎动态。黄修齐在其《意象：跨世纪跨文化的发展变化——唐诗、意象派、朦胧诗比较》一文中从意象概念入手，举例论证了唐诗中的意象与朦胧诗有深刻的承续关系。③ 王丽、蒋登科在其《朦胧诗意象的呈现与意境的缺失》一文中指出，意象和意境是中国传统诗歌的重要美学范畴。意境是中国古典诗歌独特的审美意象。文中强调，中国新诗作为从中国古代文化中生长出来的异质文化，在呈现纷繁意象的同时，缺失了古典诗歌天人合一的意境美。朦胧诗在将意象化语体进行到底的同时，也表现出明显的反意境化倾向，但艺术上的反意境并不能阻止他们心灵上对意境的深深缅怀。④

在《论新时期现代主义文学背景下的朦胧诗潮》学位论文中，作者伍建平指出，新时期的文学艺术，它一方面表现在与过去文学艺术的决裂和对比中来确立未来道路；另一方面，主要是反观历史，进行深刻地发问和思考。随着思想解放潮流进一步深化，对文学的"独立性"和"艺术自足"的重视，在文艺界引

---

① 黄英. 论朦胧诗的精神气质和审美特征［J］. 当代教育理论与实践，2012，4（8）：158-159.

② 李平. 朦胧诗的发展、变异及其文学史叙述［J］. 广播电视大学学报（哲学社会科学版），2003（2）：17-22.

③ 黄修齐. 意象：跨世纪跨文化的发展变化——唐诗、意象派、朦胧诗比较［J］. 中国比较文学，1997（1）：35-44.

④ 王丽，蒋登科. 朦胧诗意象的呈现与意境的缺失［J］. 三峡大学学报（人文社会科学版），2007（3）：32-34.

发了一场关于"朦胧诗"的讨论。文章以新时期现代主义文学思潮为立论基点，探讨了朦胧诗潮的思想内核及其与传统主流思潮发生的论争。据此，试图从新时期文学、历史的变革过程中来认真回顾、梳理、分析这一文学现象。①

卫梅娟在其《"朦胧诗"现象再研究》一文指出，20世纪70年代末80年代初，我国正处于从"文革"到新时期的转型阶段。"朦胧诗"的兴起与衰落和一定的社会历史语境密切相关。"朦胧诗"在人的主体性和文学的本体性建设方面既具有先锋性又沿袭了历史的不足，具有鲜明的时代特征。朦胧诗现象的发展过程体现了文艺观念与社会思潮的艰难转变。朦胧诗论争中所涉及的深层问题仍具有现实意义。② 王芸婷在其《"朦胧诗"现象浅析》一文指出，朦胧诗兴起与衰落和社会文化语境的变化密切相关，因此，提出了需要从社会大环境考察朦胧诗现象的倡议。③ 范立红在《文学的回归与"人"的生命价值的找寻——关于"朦胧诗"现象的历史反思》一文认为，人们对极左政治的怀疑与批判是朦胧诗产生的前提。朦胧诗提倡恢复人在文学中的核心地位，表现出了对人的情感、生命价值和思考，这是当代中国文学发展史上的一次重大转折。④ 陈星宇在《作为"朦胧诗"论前史的"人民"诗学——谢冕与公刘对"朦胧诗"意义的早期建设》指出，从20世纪80年代初产生的"朦胧诗"论争，广泛讨论青年人叛逆性的问题，而在他们是否有资格"人民文学"传统，公刘和谢冕都对此问题进行了激烈的议论。⑤ 张枣、亚思明在其《论"后朦胧诗"》一文指出，"朦胧诗"可分为前期的"朦胧诗"和"后朦胧诗"等两个分支，这两个分支在写作风格、表现手法和主题诸多方面有明显的差异，但有一个基本共识。"后朦胧派"逐渐尘埃落定，形成两个主要的分支。⑥ 邓忠、吴永强在《朦胧诗的"哲学性"及"现代性'——以"我"的原点性和尺度性为视角》

① 伍建平. 论新时期现代主义文学背景下的朦胧诗潮 [D]. 乌鲁木齐：新疆大学，2004.
② 卫梅娟."朦胧诗"现象再研究 [D]. 福建师范大学，2010.
③ 王芸婷."朦胧诗"现象浅析 [C]. 荆楚学术2018年3月（总第十七期）：海归智库（武汉）战略投资管理有限公司，2018：11-13.
④ 范立红. 文学的回归与"人"的生命价值的找寻——关于"朦胧诗"现象的历史反思 [J]. 贵州工程应用技术学院学报，2018，36（1）：55-60.
⑤ 陈星宇. 作为"朦胧诗"论前史的"人民"诗学——谢冕与公刘对"朦胧诗"意义的早期建设 [J]. 求是学刊，2020，47（1）：147-155.
⑥ 张枣，亚思明. 论"后朦胧诗" [J]. 文学评论，2019（6）：164-175.

一文抓住了朦胧诗中第一人称代词"我"频现的语言现象，自我与超我、主观与客观、内心世界与外部世界等辩证对立加以考察，对朦胧诗的现代性进行更为深入的哲学考察。① 曾念长在《共鸣与变奏——诗人通信与朦胧诗的发生》一文以北岛与舒婷第一次通信为切入点，借助这一历史细节，考察了两位朦胧诗创始人相互交流创作观点的重要文学事实。② 胡书庆在《作为意识形态和作为心灵形式的朦胧诗》一文立足于朦胧诗的文学与文化的双重身份，讨论了其传统政治性书写与个体生命书写的两种不同创作形态问题。③ 李想在《论朦胧诗的主题建构》认为，朦胧诗派作为集反叛和浪漫于一身的诗歌群体，展现了当代中国文化乃至社会的时代变迁，反映了迷茫自我的青春叛逆期和成长历史。④ 钱继云在《〈诗刊〉与"朦胧诗论争"》一文以80年代诗坛顶级的专门刊物的《诗刊》为切入点，对朦胧诗人北岛诗作的艺术特点与主题内涵进行了客观分析，评价了北岛的文笔和才华。⑤

总之，我们要讲授中国当代文学中的文艺思潮——"朦胧诗"现象，需要用马克思主义辩证法的观点客观地评论。我们认为，"朦胧诗"作为我国当代文学出现的新现象，有其积极的一面，也有消极的一面，有优势，也有不足。从某种意义上，"朦胧诗"打破了中国传统诗歌沉闷和雷同化的局面，开拓了新诗的一个新领域，满足了一大批文学爱好者的精神需求。但是"朦胧诗"诗人太注重诗歌形式，选用艰涩难懂的词语、意象或采用了跳跃式思维，影响了一大批读者的审美鉴赏。一些诗作中，大肆表达了消极、堕落或悲哀的主观主义思想，与中国特色社会主义核心价值观不相称的价值观和人生观，这是我们需要旗帜鲜明地批判或辩证地评论的。

---

① 邓忠，吴永强. 朦胧诗的"哲学性"及"现代性"——以"我"的原点性和尺度性为视角 [J]. 西南民族大学学报（人文社科版），2019，40（9）：172-178.
② 曾念长. 共鸣与变奏——诗人通信与朦胧诗的发生 [J]. 创作评谭，2019（3）：27-29.
③ 胡书庆. 作为意识形态和作为心灵形式的朦胧诗 [J]. 井冈山大学学报（社会科学版），2019，40（2）：104-109.
④ 李想. 论朦胧诗的主题建构 [J]. 文化学刊，2018（11）：41-42.
⑤ 钱继云. 《诗刊》与"朦胧诗论争" [J]. 扬子江评论，2018（3）：82-89.

参考文献：

［1］陈星宇．作为"朦胧诗"论前史的"人民"诗学——谢冕与公刘对"朦胧诗"意义的早期建设［J］．求是学刊，2020，47（1）：147-155.

［2］张枣，亚思明．论"后朦胧诗"［J］．文学评论，2019（6）：164-175.

［3］邓忠，吴永强．朦胧诗的"哲学性"及"现代性"——以"我"的原点性和尺度性为视角［J］．西南民族大学学报（人文社科版），2019，40（9）：172-178.

［4］曾念长．共鸣与变奏——诗人通信与朦胧诗的发生［J］．创作评谭，2019（3）：27-29.

［5］胡书庆．作为意识形态和作为心灵形式的朦胧诗［J］．井冈山大学学报（社会科学版），2019，40（2）：104-109.

［6］李想．论朦胧诗的主题建构［J］．文化学刊，2018（11）：41-42.

［7］钱继云．《诗刊》与"朦胧诗论争"［J］．扬子江评论，2018（3）：82-89.

［8］王芸婷．"朦胧诗"现象浅析［C］．荆楚学术2018年3月（总第十七期）：海归智库（武汉）战略投资管理有限公司，2018：11-13.

［9］范立红．文学的回归与"人"的生命价值的找寻——关于"朦胧诗"现象的历史反思［J］．贵州工程应用技术学院学报，2018，36（1）：55-60.

［10］Aida Akhmetova．中国"朦胧诗派"的思想艺术特点［J］．文化创新比较研究，2018，2（3）：44-45.

［11］王丽花．论朦胧诗的审美特征［J］．文学教育（中），2014（3）：41.

［12］黄英．论朦胧诗的精神气质和审美特征［J］．当代教育理论与实践，2012，4（8）：158-159.

［13］施祥爱．朦胧诗的艺术特点［J］．文学教育（中），2012（8）：116-117.

［14］李茜茜．以《相信未来》为例浅谈朦胧诗的特点与教学要求［J］．语文学刊，2011（17）：163+165.

［15］卫梅娟．"朦胧诗"现象再研究［D］．福建师范大学，2010.

[16] 剑亭. 交叉点上的艺术——论"后朦胧诗派"的"后现代性"特征 [J]. 重庆职业技术学院学报, 2008 (1): 137-139.

[17] 于海丹. 浅析朦胧诗的传统审美艺术特征 [J]. 中国高新技术企业, 2007 (11): 167+171.

[18] 王丽, 蒋登科. 朦胧诗意象的呈现与意境的缺失 [J]. 三峡大学学报 (人文社会科学版), 2007 (3): 32-34.

[19] 伍建平. 论新时期现代主义文学背景下的朦胧诗潮 [D]. 乌鲁木齐: 新疆大学, 2004.

[20] 李平. 朦胧诗的发展、变异及其文学史叙述 [J]. 广播电视大学学报 (哲学社会科学版), 2003 (2): 17-22.

[21] 黄修齐. 意象: 跨世纪跨文化的发展变化——唐诗、意象派、朦胧诗比较 [J]. 中国比较文学, 1997 (1): 35-44.

[22] 王干. 意象: 艺术视知觉的复合空间——兼论朦胧诗的审美特征 [J]. 江淮论坛, 1988 (4): 83-88.

[23] 蔡润田. 朦胧诗的风格特点及其形成原因浅探 [J]. 山西师院学报 (社会科学版), 1981 (4): 59-61.

[24] 阿卜杜外力·艾萨. 维吾尔"朦胧诗"现象研究 [D]. 乌鲁木齐: 新疆大学, 2018.

试论民族高校基层教学单位师资队伍建设问题及其对策

——以西北民族大学×××学院为例

教师队伍包括教师数量、结构、教学队伍规划、教学水平、教学投入和教学发展等五个方面的内容。

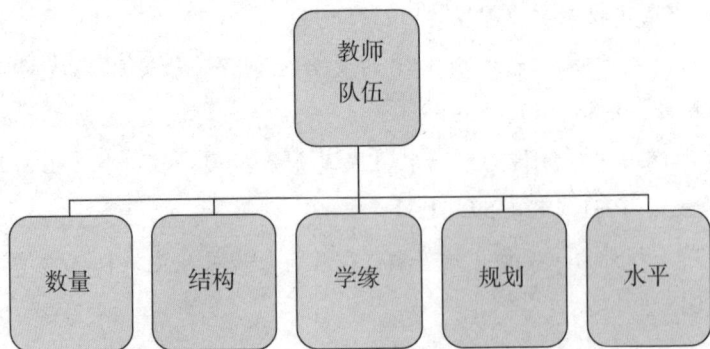

```
              ┌──────────┐
              │  教师    │
              │  队伍    │
              └────┬─────┘
     ┌──────┬──────┼──────┬──────┐
  ┌──┴──┐┌──┴──┐┌──┴──┐┌──┴──┐┌──┴──┐
  │数量 ││结构 ││学缘 ││规划 ││水平 │
  └─────┘└─────┘└─────┘└─────┘└─────┘
```

一、数量与结构

根据我校二十五年规划，我院制定了专业建设规划，师资队伍建设是其中的一个主要的内容。2012 年，我校有 14 名专任教师，学生 316 人，师生比例为 1/23，基本满足教学要求，但是按照教育部语言类专业 1/18 的标准的话，师生比例还是偏高。再加上 2009 年，我们新办的中国少数民族（维吾尔）语言文学专业正式招生，新办专业只有 1 名专任教师，师生比例 1/32，师生比例较高。2013 年，我院教师人数 16 名，学生人数 545，师生比例 1/34，按照学校 1 比 23 的比例测算，尚缺 6 人。2014 年，我院教师人数 20 人，学生人数 634 人，师生比例 1/31，尚缺 4 人。在师资队伍规划中，2012 年 20 人，2013 年 25 人，2014 年 30 人，但实际每年没有达到规划人数缺口为 7、9、10 不等。

年度 教师人数	2012 年	2013 年度	2014 年度
现有人数	14	16	20
规划人数	20	25	30
人数差距	7	9	10

（一）职称结构

学院专人教师 20 人，其中教授 3 人，占专任教师人数的 15%，副教授 10 人，占专任教师人数的 50%，讲师 4 人，占专任教师人数的 20%，助教 3 人，占专任教师人数的 15%，从职称结构来看，高级职称比例已占全院专任教师总人数的 65%。

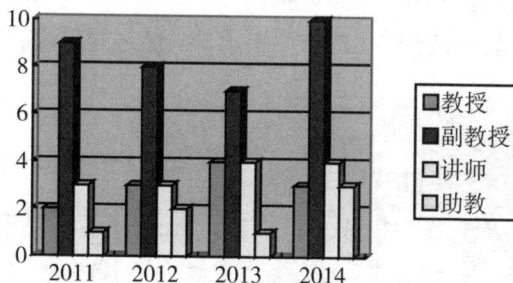

（二）学历结构

我院专职教师学历层次较高，获得博士学位的人数 10 人，其中博士后出站人员 1 人、在站博士后人员 4 人，博士研究生学历者占全院教师人数的 50%，获得硕士学位的人数 9 人，占 45%，本科学历只有 1 人，占 5%。从学历结构来看，硕士以上学历已占 50%。

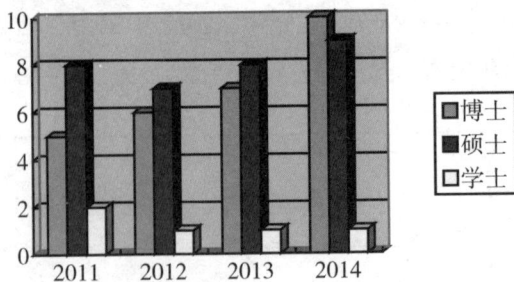

（三）学缘结构

在我院教师人数中，外缘教师 16 人，占总人数 85% 比例，本校毕业的教师 4 人，占总人数的 15%。从学校来分析，中国社会科学院研究生院毕业教师 2 名，占 10%；中央民族大学毕业教师 6 人，占 40%；新疆大学毕业教师 2 人，占 10%；新疆师范大学毕业教师 2 人，占 10%；兰州大学毕业教师 2 人，占 10%。

目前，我们新办专业教师人数 4 人，师生比 1/23，按照教育部语言类专业相关规定，教师还是不能满足要求。我院本科生 634 人，专任教师仅有 20 人，师生比 1/31，不满足现有本科生的教学要求，只能通过外聘教师解决这一困难。

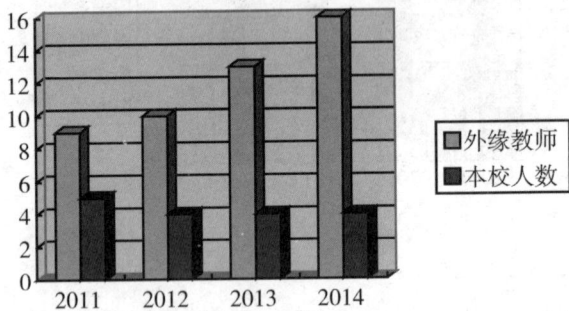

（四）年龄结构

学院年龄结构有年轻化的发展趋势。在专任教师中，50 岁至 60 岁之间，已经无人任教，40—50 岁之间的专任教师 12 人占总人数的 60%，30—40 岁之间的专任教师占 35%，20—30 岁之间的专任教师只占 5%。

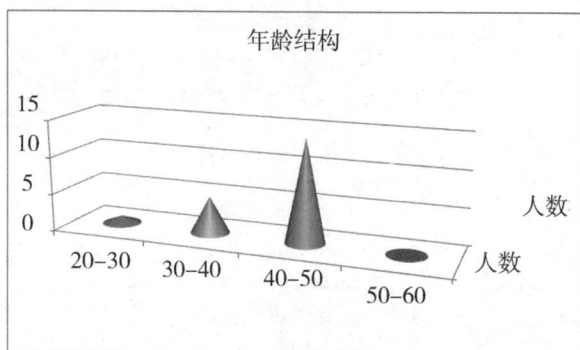

二、教育教学水平

这一指标具体包括专任教师的专业水平与教学能力和师德师风建设措施与效果等两个要点，我们从这两点概述我们的具体工作。

（一）专任教师的专业水平与教学能力

第一、专任教师和外聘教师按照教学要求认真备课和上课。第二、专任教师和外聘教师努力完成教学大纲、试卷分析、论文指导和课程总结等工作。第三、在校学生和毕业学生比较满意我院教师的教学水平和能力。

（二）师德师风建设措施与效果

我院经过形式多样的学习和教育，加强师德师风建设：第一、组织教师们学习国家教育管理规章制度，参照我国《教育法》《教师法》相关规定；第二、在学院教职工例会上，党总支书记给教师们强调教书和育人的重要性，要求教师们以身作则在一言一举上为学生表率；第三、我院党员教师10人，占总人数的50%，学院组织党员教师去兰州八路军办事处纪念馆、会宁革命纪念馆等参观和学习，提高思想政治水平；第四、组织教师们在线学习专题报告，提高思想政治水平。

三、教师教学投入

教师教学投入含有教授和副教授为本科生上课情况、教师开展教学研究和参与改革与建设情况等三个观察点。

（一）教授和副教授为本科生上课情况

教授和副教授为本科生上课情况一览表

序号	专任教师姓名	职称	课程名称	周课时
1	xxx	教授	《文学理论》	8课时
2	yyy	教授	现代汉语	8课时
3	ccc	教授	古代汉语	10课时
4	zzz	副教授	现代维吾尔语	12课时
5	vvv	副教授	汉语阅读	10课时
6	bbb	副教授	《翻译理论》	12课时
7	nnn	副教授	中国文化概论	10课时
8	mmm	副教授	语言学概论	12课时
9	aaa	副教授	中国古典文学	10课时
10	sss	副教授	汉语精读	12课时
11	ddd	副教授	中国现当代文学	12课时
12	fff	副教授	外国文学、西方文论	12课时
13	ggg	副教授	比较文学、民间文学	12课时
14	hhh	副教授	儿童文学、民俗学	12课时
15	jjj	副教授	中国文学批评	12课时

我院高级职称教师为本科生上课率已达到95%以上，积极完成了教育部有关规定。

（二）教师开展教学研究

我院教师积极参与了教学改革和研究，在各级期刊和我院论文集上发表了60余篇论文，积极促进了课堂教学发展，更新教学内容，从一定程度上提高了教学质量。

（三）参与改革与建设情况

我院教师在课程建设、教改项目、教学获奖等方面都取得了一定的成绩。

近三年，我院申报立项了三门精品课程，获得了三项教改项目、五项教改项目和五项各类教学成果奖。除此之外，我院教师还参与了我校张天佑教授主持的省级教学团队"20世纪中国文学"省级教学示范团队的申报和建设工作。

四、教师发展与服务

教师发展与服务含有提升教师教学能力和专业水平的政策措施和服务教师职业生涯发展的政策措施等三个观察点。

（一）提升教师教学能力和专业水平的政策措施

学院充分认识到提高教师教学能力和专业水平的重要性，始终将改善教学条件、优化师资结构、加强制度建设、积极引进人才等作为学院管理工作的重心，形成了以院长和党总支书记为主要责任人的工作机制，在提升教师教学能力和专业水平方面，实施以下一些具体措施。

1. 在学校划拨的"教学经费"中，设立专门用于师资培训、课程教学团队和学术交流及教学研究的资助项目，并且制定相关规定，确保教学经费按计划支出，合理使用。

2. 根据学院专业发展和学科建设规划，有计划地进行师资队伍建设。首先，根据学校211或985高校引进人才的要求，我们对中央民族大学和新疆大学等高校三年级的博士生进行摸底，统计每年毕业的博士生，主动联络、介绍和宣传我校引进人才的政策。引进了高职称、高学历的教师，进一步改善师资队伍结构；其次，鼓励青年教师外出攻读学位或进修，参加各类短期培训和社会实践，提高青年教师教学能力和专业实践能力。目前，在专任教师中，两人攻读博士学位，三人到四川大学和中山大学等高校进修，两人次外出参加短期培训。

3. 重视实践教学。通过指导毕业论文、教学实习、专业实习、社会调查、暑期大学生三下乡以及第二课堂等实践活动，有效促进教师组织能力和实践能力的提高。

（二）服务教师职业生涯发展的政策措施

根据学校的有关规定，从学院师资队伍建设需求和教师个人发展出发，学院在服务教师职业生涯方面制定了一系列政策措施：

1. 维护教师的基本利益。为支持教师提高学历，学院支持和鼓励教师在职攻读博士学位或博士后。

2. 根据四川大学与西北民族大学对口支援工作计划，学院每年安排 1 名专业教师访学或进修。2011—2014 年，学院先后有汉语言、文学、维吾尔语言专业 3 名教师赴四川大学学习，1 名教师在中山大学进修了一年。

3. 为树立青年教师的岗位意识，学院要求新进教师必须参加甘肃省高校教师岗前培训，2011—2014 年先后有 3 人参加培训。

4. 提供教师参加学术活动的经费保障。学院出台教师参加学术会议的有关规定，积极支持教师参加国内外的学术会议，加强教师的学术交流，扩大其学术视野。2009—2013 年，先后有近 30 人次参加国内外的各类学术研讨会、教学研讨会。

五、问题与对策

（一）问题

1. 师资不足，影响课程设置和青年教师的成长。

学院现有专任教师 20 人，本科生 634 人，师生比达 1：31，且学院教师还要承担《普通话语音》《基础维吾尔语》等全校性选修课的教学任务，显然，师生比超标，师资不足的矛盾较突出，有些选修课无法正常开设，影响了课程设置。另外，青年教师担任的课程太多，不利于他们深入研究课程内容，讲课容易出现应付的现象。

2. 教师教学任务多，不愿意申报精品课程、教学团队和教改项目等教学质量工程项目，学院教学工程项目数量较少。

学院现有 20 个自然班，很多教师承担三或四课程的教学任务，备课任务重，虽然学院鼓励教师们申报各类教学工程项目，但积极性较低。

3. 维吾尔语零基础专业的实习问题亟待解决。

维吾尔语零基础专业是原维吾尔语言文化学院 2011 年开始招生的新专业，2014 年第一届学生毕业。从教学实际来看，零基础专业学生需要更多的实习时间，但根据培养方案，无法保证他们更多的实习时间，较难保证实习质量，亟待学校相关部门提供帮助，解决维吾尔语零基础专业的实习问题。

（二）对策

1. 在学校政策允许之下，我们适当地引进高级专门人才，同时外聘符合学校教学条件的外校教师，通过专业培训和实习，让一些在校博士生承担一些选修课程的教学任务，解决师资紧缺的问题。

2. 在适当的教学工作量的前提下，我们以一定科研配套和奖励的措施，鼓励教师们申报精品课程、教学团队和教改项目等教学工程项目。

3. 我们以暑寒假灵活分散实习的方式和专业实习相结合解决零基础专业实习期较短的问题。

参考文献：

［1］唐澎．高校师资队伍综合素质发展价值目标的研究［D］．西安电子科技大学硕士学位论文，2009（05）：1-290.

［2］谢永强．加强高校师资队伍建设的新举措［J］．中国科教创新导刊，2010（2）：232-233.

［3］柴继贵．提高质量是教育改革发展的关键［J］．成都电子机械高等专科学校学报，2004（4）：100-103.

［4］马彦刚、张静、张凤轩．高校师资队伍建设的思考［DB/OL］．tdus-fc. cn/index. php？Itemid＝58&catid＝74：2010&id＝306：2011-04-28-01-01-15&option＝com＿ content&view＝article

［5］曾绍元．高校师资队伍建设实践与研究［M］．北京：中国人民大学出版社，2004.

突出专业办学特色，加强科研促进
教学的一些思考

　　×××学院中国少数民族维吾尔语言专业和汉语言专业都有着悠久的历史和突出的成绩。我校这两个老牌专业毕业的优秀校友，为我国民族地区经济文化事业做出了突出贡献。我校维吾尔语专业 1956 年毕业生郝关中先生和 1962 年毕业生张宏超先生翻译了我国宋代维吾尔经典作品《福乐智慧》，在全国学术界赢得了荣誉。我校 1955 年维吾尔语专业毕业生马俊民先生不仅培养了陈世明、廖泽余等杰出学者，而且还主编了《维汉词典》和《维汉简明词典》等工具书，为新疆教育、人才培养和语言文字事业做出了杰出贡献。我校 1955 年校友赵国栋先生毕生精力投身于新疆教育和翻译事业，在新疆财经学院培养了一批优秀的专业人才，并翻译了《游记》《吐鲁番木卡姆歌词》等优秀文学作品，为新疆文学翻译建设和发展做出了贡献。因此，我院在学科凝练、课程开发、教学研究和第二课堂教学等诸方面形成了一定的专业特色和办学亮点，具体为：

　　一、确定学科凝练和学科方向，进一步突出维吾尔语言文学的民族性和地域性特色，积极为中国语言文学特色学科建设服务

　　学科是专业发展的基础和依据，学科方向是在学科总体基础上总结出来的个性和特色。在国务院的"一流大学和一流学科建设"指导意见的推动下，在教育部和国家民委亲切关怀下，在校党委和校行政的安排部署下，我院中国少数民族语言文学专业属于中国语言文学学科下属二级重点学科已经有了十余年的历史。学院成立之后，我院响应学校学科凝练的号召，积极探索和分析我院师资队伍和科研队伍的研究优势，凝练维吾尔语言研究、维吾尔翻译研究、维吾尔文献研究、维吾尔文学研究和维汉语言对比和教学研究等几个学科方向，为教师们提供了专业发展方向和学科研究空间。成绩体现于如下两个方面：

（一）研究队伍和教学队伍合并，教学与科研相结合。

我院25%教师从事维吾尔语言研究，已经有两个教授和三个副教授（含四个博士），25%教师从事维吾尔翻译研究，已经有两个副教授和两个讲师（含一个博士和两个硕士），15%教师（一个博士后和一个博士）专门从事回鹘文、察合台文等维吾尔文献研究，25%教师（两名教授，一名副教授和一名讲师）研究维吾尔文学研究，除此之外，20%教师从事维汉语言对比和教学研究工作，已经有一名教授，两名副教授（一个博士和两个硕士）从事对比语言学学科。我院教师以学术研究与教学内容相结合的方式促进课堂教学，深化教学内容，提升教学质量。如杨德明教授的新疆双语教学研究成果在我院汉语言教学中发挥了作用，他充分利用双语教学理念和方法，以恰当的方式方法给学生传达课堂内容，促进汉语言教学改革。张敬仪教授的《少数民族学生译文文言文导论》和王德怀教授的《维吾尔民间谚语翻译研究》在课堂教学中当作教材加以使用，在提高学生实际翻译水平方面发挥了很好的作用。阿布都外力教授把维吾尔民间达斯坦研究带到《×××民间文学》本科生课程讲授，扩大了学生学习视野，促进了本科教学发展。××教授的《哈萨克民族过程研究》内容紧密结合了她承担的《文化人类学》课程大纲，用有效的案例为学生生动地讲解课程知识点，得到了较好的效果。再如博士后××江副××的国家社科基金项目"新疆出土回鹘文《玄奘传》整理与研究"在他承担的《回鹘文》课教学中得到了有效利用，他举例的《福乐智慧》回鹘文例句，使得学生获益匪浅。××××××博士的国家社科基金项目《"喀什噶尔文本"整理研究》在他所承担的《近代维吾尔语》和《维吾尔古典文学》等课程教学中发挥了极大的作用。××××博士的国家社科基金项目"纳瓦依名著《伊斯坎德尔城堡》语言研究"研究观点增加和丰富了她所承担的《文献学》和《少数民族文学作品选》等课程内容，进一步扩大了课堂教学信息量，有效提升了课堂教学效果。

（二）我院推出了一系列民族特色和地域特色的学术著作，促进了本科生和研究生教学，进一步提升了人才培养水平。最近几年来，我院教师研究成果陆续得以出版，在国内同行中引起了不小的反响。如老教授张敬仪的《维汉—汉维翻译理论与技巧》（2004）、王德怀教授的《维吾尔民间谚语研究》（2009）、阿布都外力·克热木教授《尼扎里的"达斯坦"创作研究》（2005）、《维吾尔族民间达斯坦》（2014）、杨德明教授的《少数民族汉语教学研究概论》（2007）和凯丽比努尔副教授的《语法方式与伦理行为》（2013）等一系列有特色的研究成果在本科和研究生教学过程发挥了较好的作用，为我院学科凝练和学科方向的确定做出了贡献。

二、维汉两种语言教学是我院一个教学特色，其研究成果和教材数量可观，研究规模日益扩大，研究层次日渐深化，促进了本科教学

我们从两个方面可以看到这一方面的特色和亮点。

（一）我院不仅狠抓课堂教学，而且就教学研究和教改工作予以高度重视。

自从学院成立以来，我院先后组织教师们出版了《汉语言与维吾尔语言文学教学新论》和《教学·改革·探索》等三部论文集，在全国各级期刊上发表了100余篇教改论文，促进了本科教学研究和教学改革，为我校教学质量目标迈出了一大步。我院教师们从语言学理论视角对维吾尔词汇、词法、语义、语篇学和句法等进行了广泛地分析和研究。汉语言专业教师从课堂教学实践出发对汉语阅读、汉语精度、汉语写作、汉语与维吾尔语对比问题加以论析，总结了一些宝贵的教学经验。文学专业教师从文学理论新视角对维吾尔小说、维吾尔诗歌、维吾尔文献和维吾尔古典文学加以论述，提炼了新观点和见解。一些教师有与兄弟高校对比交流，研究了学生阅读、就业调查等问题，撰写了教改论文，为学院今后专业发展献计献策。

（二）我院规划了一些特色教材，陆续出版和投入使用，取得了一定的成效。我院规划了翻译系列教材，已出版了《维汉—汉维翻译理论与技巧教程》《应用文翻译技巧与实践教程》《新闻作品翻译教程》《科技翻译教程》等教材，并在教学过程中投入使用，取得了一定的教学成效。如《应用文翻译技巧与实践教程》为学生解决了党政机关和企事业单位从事应用文翻译工作中遇到的问题，为汉语言翻译专业学生实习提供了便利。《新闻作品翻译教程》满足了学生在报刊新闻单位从事专业翻译的需求，为学生解决了实际问题。我们又规划了《文学翻译教程》和《政论文翻译教程》，目前正在编写之中。根据我院文学专业学生《文学阅读》课程的需求，我院教师张丽副教授编著和出版了《现代文学作品选》。根据专业选修课需求，××教授编写了《社会语言学教程》。这些教材在本科教学过程中都得到了有效地使用。

三、科研促进教学的若干思考

目前，在以本科教学为主的民族本科院校的教育教学上存在"科学研究主要是研究型大学和研究教学型大学的任务，民族高校属于教学型大学，主要培养应用型人才，而不是研究型或学术型人才，科研不是他们的主要任务、可有可无，民族本科高校应该以教学为中心，搞好教学应是其首要任务"的一个误区。民族高校是重点培养高素质、创新性的应用型人才的重要基地，人才培养是其中心工作，教学、学术研究和文化传承是它的两大主要职能。教学是人才培养过程中的一个最基本、最重要环节，民族高校应该把教学放在首位。但科研对教学有巨大的促进作用，科研可以丰富、完善教学内容，提高教学质量。只注重教学不搞科研，教学难有质的提高；仅有教学而没有科研的大学不是真正的大学。好的大学和好的教师，都是将科研和教学结合在一起并落实到培养高素质、创造性人才的目标上的。高校教学必须与科研相结合，这是一个涉及到大学教育培养什么样的人的问题。

（一）科研对课堂教学的促进作用。大学教学的目标已超出单纯传授知识，一个大学教师能否教好书，教学效果与他的专业基础知识、工作态度、责任心、教学研究等有关，与是否从事科研关系也很大。1. 科研更新教学内容。教师从事学术研究成果，更新自己课堂教学内容，提升课堂教学质量和教学效果。2. 科研改变教学理念。长期从事科研研究的教师，在教育理念、教学思路和教学方法上都会发生改革和创新，进一步提升教学质量和人才培养质量。3. 科研培养学生的科研创新能力。学生通过主持课题和参与教师课题等途径，参与学术研究工作，将自己理论知识与实践有效相结合，使创新能力得到进一步提升。4. 科研能力的提升有效提升教师教学能力。一个积极从事科学研究的一线教师为学生传授的知识量和信息量远远多于一个从来不做科研的教师。5. 科研成果转化可加强学生面对社会、服务社会的适应度。教学科研项目或学生科研项目成果转化，促进高校社会服务，加强学生回报社会和服务社会的参与度。

（二）科研对创新人才培养的促进作用。传统的教学观念，侧重于系统地教授知识和对概念的理解。然而，随着科学技术的发展，社会对大学培养的人才提出了更高的要求。科研是培养高素质人才的重要手段，学生的创新能力、获取知识的能力、协作能力等都有赖于教学与科研的结合。1. 科研促进教师综合能力和素质的提升，有效促进人才培养工作。社会要培养具有创新意识的学生，教师首先要有创新意识和能力，科研对教师综合素质的提高至关重要。教师只有积极参与科研，站在科学的前沿，追踪学科前沿的最新突破，研究学科前沿的最新命题，才能不断地提出新的问题，发表新的研究成果。科研经验丰富的教师，可以把学科最前沿的信息带到课堂上，激发学生的求知欲和好奇心，潜移默化地提高学生的创造力。2. 学生参与课题。高校学生不仅在课堂上要学习理论知识，而且还要积极参与课外创新竞赛、科研项目和学术交流。在我校，学校提倡大学生申报课题，主持或参与课题，同时鼓励学生参与教师课题，锻炼科研能力。3. 课题经费用于人才培养，用于教学。我校教学经费不够充分，教学设备和教学设施老化快，淘汰快，硬件和软件都需要大量经费投入。科研经费可以购买一些教学实验设备和图书资料，为教学服务。4. 科研合作为教学提供平台。在我国教育大力提倡校校合作、校地合作和校企合作模式的背景下，民族高校为更好地服务民族地方脱贫致富，需要科研合作机制，科研基地、科研研发中心、示范实验中心和实验草牧场等校外平台，为学生实习实训提供教学实践平台，大力促进教学内涵式发展和教学质量的提升。

（三）科研对专业学科建设的促进作用。高等院校要以学科建设为龙头，而学科建设的核心是专业建设与科学研究。1. 科研是提高教学质量的保障，是专业发展的动力，是专业特色的表现，要使科研服务于专业和学科建设，通过科研提升专业水平，提高学科层次，促进教学水平和办学水平的提高。科研虽然要结合教学工作，但专业建设和学科发展并不是被动地服务于教学。2. 科研具有创新性和超前性，具有引领教学工作、引导专业建设和学科发展的功能。只有教师把科研成果运用到教学上去，学科方向才能凝练出来，专业才有特色，培养的学生才有特色，学生就业才不困难。3. 培养人才、搞好教学工作是大学教师的首要任务，大学教师要很好地将教学与科研结合起来，并统一到人才培养的全过程中，只有将教学和科研统一到人才培养这个中心上来才能相得益彰。

总之，我院具有悠久的人才培养传统，虽然我院教学与科研协调发展有一定的成绩，但我们没有很好地继承前辈们的优秀传统和优良风格。目前，科研与教学之间的争议与讨论，成为了我校人才培养与教学队伍发展的新焦点。因此，我们要积极地开展学术研究和客观分析问题，探索一些新模式和解决方案。我们要坚持"立德树人、以人为本"的人才培养理念，秉着特色办学理念，突出我院民汉双语教学特色，继续探索科研引领教学、科研促进教学和科研提升教学的新路子和新思路，继续推进×××学院的学科建设和专业发展，努力为西北民族大学人才培养总目标服务。

参考文献

[1] 赵燕雄等. 高校科研对教学的提升作用 [J]. 河北化工，2010，30 (10)：76-77.

[2] 孙桂兰等. 在高等教育过程中，科研对教学的促进作用 [J]. 黑龙江教育学院学报，2009，11 (11)：45-46.

[3] 陈世平. 高校教学团队与高水平教师队伍建设指导手册论 [M]. 北京：人民教育出版社，2008：108-221.

[4] 陈明仁. 高校院系学科创新教育与新课程设置指导手册 [M]. 北京：人民教育出版社，2010：242-248.

[5] 王小寒. 专业特色更加明显，教育内涵持续深化性 [N]. 重庆日报，2016-06-23 (6).

[6] 吴凡. 我国高校特色专业影响研究 [D]. 华南理工大学硕士学位论文，2016-06-1 (6).

[7] 阿布都外力·克热木，吾斯曼江·居买. 教学·改革·思考 [C]. 兰州：甘肃人民出版社，2012：41-54.

[8] 玛依努尔·加马尔，阿布都外力·克热木. 汉语言与维吾尔语言文学教学新论 [C]. 兰州：甘肃人民出版社，2019：41-54.

浅论汉语语言专业人才培养过程

——以西北民族大学×××学院为例

学院始终重视人才培养过程，对教学改革、课堂教学、实践教学和第二课堂教学予以高度重视。

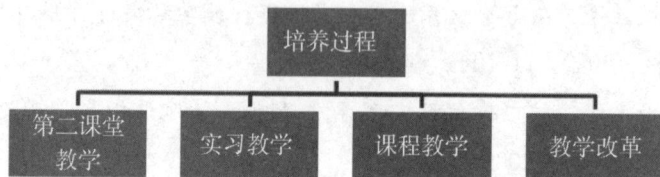

一、教学改革

我院教学改革具体包括改革思路、改革示范和教学管理信息化等三个方面的内容。

（一）教学改革思路及其措施

我院教学改革的总体思路是：以专业发展为中心，以教学质量为根本，以学生发展为导向，以教学研究为依托，明确办学目标，有计划、分步骤地向前发展。

以专业发展为中心就是说我们的各项工作都要围绕专业发展来展开。目前我院开办有两个本科专业，四个专业方向，其中汉语言专业是一个老专业，虽然有稳定的生源，成熟的培养计划，但也不断遇到诸如生源质量下降、个别专业课程需要调整等问题；维吾尔语言文学专业是 2008 年开办的新专业，目前已有三届毕业生，从毕业生的就业率上我们发现一些与社会需求不相适应的课程需要调整，培养方案也需进一步优化；维吾尔语专业方向作为一个 2011 年才正式招生的新专业，目前出现的问题更多、更集中，还需要我们从长远目标出发，做出更科学、更严谨的计划。

以教学质量为根本，是说教学质量是一切工作的出发点和落脚点。我们一直将教学质量建设作为我们的首要任务来抓，虽然目前表面上一切顺利平稳，但很多环节还需要我们去完善、去细化。

以学生发展为导向是说我们工作的最终目标是促进学生各项素质的发展。我们应该树立为学生生活服务、为学生成长助力的观念，努力提高学生的专业知识和专业技能，培养出合格的、社会认可的双语人才。

以教学研究为依托是说加强教学研究既有助于教师个人专业发展，也有助于教师教学质量的提高。在教学过程中发现问题，在教学研究中解决问题，相互促进、共同提高。

明确了教学改革的目标和办学方向，我们也不能急于求成，盲目冒进，而要有计划、分步骤地一步一个脚印地向前发展，最终完成教学改革设想。为此，我们提出以下改革措施：

1. 转变教育观念

我们在教学管理过程中总结出了"以教学为主，以学生为主"的教学理念，关注整个教学过程。

2. 激励教师教学

为了激发教师们的教学热情，我们制定了《学院奖励津贴考核办法》，在奖金分配上向那些积极承担教学任务的教师倾斜，扣发在外进修或不愿意多承担课程的教师的奖励津贴，鼓励教师们积极承担课程教学，努力提高教学质量。

3. 加强教学管理

为了规范教学秩序，我院在学校规章制度的框架下，出台了一系列细化规则，如调课补课细则，听课评课细则等。

4. 强化教学研究

学院抽出一部分教学经费鼓励教师积极开展教学研究，通过反思发现教学问题，通过研究解决教学问题。

（二）教学管理模式和人才培养模式

我们在教学管理模式和人才培养模式上采取了一些措施。在教学管理模式上，根据两地办学的特殊环境，我们充分利用 qq 群、微信和短信等多种现代化信息进行了教学管理，使教学管理走向信息化和现代化。我们专门召开外聘教师会议，加强了培训和管理外聘教师，加强了基本教学模式。我们对三个专业都认定的应用型人才培养模式加以区分，根据科学划分了哪个专业是复合型人才培养模式，哪个专业是应用型的人才培养模式，加强了对培养模式的科学认识和理解。

二、课堂教学

课堂教学是本科教学工作的第一线，也是活形态的表演舞台。我院一直紧抓课堂教学，具体表现在教学大纲、教学内容、教学方法、学习方法和考核办法等五个方面，下面我们具体加以阐述。

（一）教学大纲

我院一直重视教学大纲的编写和修订以及落实环节。第一、教学大纲的编写。根据教材内容和教学课时，我们组织教师们编写教学大纲。我们先后两次组织教师们编写和修订教学大纲，要求按照学校统一大纲格式起草教学大纲，按照专业分类印成小册，放到学院归档保管。如果换了教材或不同专业上同一门课（课时有差异），我们要求任课教师修订教学大纲。第二、教学大纲的执行。教学大纲按照课时分配内容，有规律和有计划。学院要求教研室主任在中期教学检查和期末教学检查期间检查和督促教学大纲的执行情况。

（二）教学内容

我们严格要求教师们按照教学大纲给学生讲授课堂内容，同时鼓励教师们用自己的研究成果或相关课题内容结合教学内容，给学生讲授前沿知识。

（三）教学方法

目前，在教学过程中，实行多种讲授法、讨论法、直观演示法、练习法、读书指导法、任务驱动法和参观教学法以及情景教学法等多种教学方法。我院要求教师们根据自己的课程特点选择教学方法，因此，基础汉语或基础维吾尔语教师多采用练习法，文学专业教师多用讲授法或以讲授法为主、以讨论法为辅的教学方法，翻译课程教师们充分利用以讲授和练习并重的教学方法。

（四）学习方法

目前采用的学习方法有背诵学习法、问题学习法、练习学习法、合作学习法、思考学习法和归纳学习法等多种学习方法。我院汉语言和维吾尔语言专业学生多用预习、朗诵、背诵、默写、练习和阅读以及合作等学习方法，而我们维吾尔文学专业学生多用背诵、读书、思考和归纳等学习方法。

（五）考核方法

我院根据学生专业情况布置作业、课堂测试、课堂讨论、中期考查和期末考试等多种方式对学生进行考核。

三、实践教学

我院学生实践教学主要有课堂实践（翻译、写作或试讲等）、毕业实习和毕业论文等三个部分

（一）课堂实践

根据我院专业情况，任课教师都在课堂教学中采用一定比例的实践教学方式。如翻译课程教师在课堂上布置学生翻译实践，将优秀的翻译进行讲评，给学生示范。再如写作类课程或一些理论类课程都安排学生进行文学创作和撰写课程论文的作业，锻炼学生写作实践能力。再如《民间文学》《儿童文学》等一些易懂的课程教师会给学生分配任务进行试讲等等。

（二）毕业实习

毕业实习是本科教学的一个重要环节，我们将从实习基地建设、实习组织和管理和实习经费等三个方面对毕业实习进行概述。我们在中共新疆维吾尔自治区党委翻译处、新疆维吾尔自治区政府翻译处、兰州五泉山街道办事处、兰州市白银路街道办事处、《新疆日报》《新疆经济报》、新疆维吾尔自治区语委会、吐鲁番市教育局、托克逊县教育局、托克逊县一中、托克逊县夏乡中学等多地进行了语言实习或教学实习。根据培养方案，我们安排学生大四下学期到实习基地进行实习，我们专门派人组织和管理实习学生，保证学生实习顺利结束，安全返校。在实习经费管理上，我们严格履行《西北民族大学实习管理办

法》中关于实习经费的相关规定，按集中实习1人100元、分散实习1人300元的标准统一发给班主任，班主任再发给每一位学生。未交学费的学生实习费被学校扣罚，直到学生补交齐学费才可以再领取实习费。教学经费资助参加"三下乡"等社会实践的学生，每年挑选10到15个学生参加"三下乡"社会实践活动，为他们提供认识社会、服务社会和实践锻炼的机会。

（三）毕业论文

毕业论文作为检验学生四年专业知识的最终成果，在本科学习中具有较高的地位和意义。学院一直重视和关注毕业论文工作的安排、管理和改革，具体在选题、开题、指导和答辩等各环节上得以体现。第一、在选题上，我们每年组织教师们提供15个论文题目，严格规定论文题目务必符合专业性质、要求和内容。允许一部分学生自选题目，前提是专业教师审题通过即可。第二、开题。学院11月底和12月初组织学生开题，学生填写开题报告表，老师填写意见，然后学生开题，以专业教师组成的评委组审题。在开题中，是以论文题目与专业符合为主要标准的，否则不通过，学生第二次选题。我院平时严格要求学生，必须搜集至少5篇相关参考论著才可以撰写，语言调查或民间文学类题目必须先做一个社会调查，才能允许撰写论文。为了给语言类专业创造更长的实习和找工作的时间，我们要求汉语言或零基础班早着手撰写论文，在放寒假前，尽量完成初稿，为顺利完成论文打基础。早选题、早开题和早撰写是我院毕业论文工作中的一项改革。第三、论文指导和答辩。我们督促师生在论文撰写中多沟通，至少指导三次以上，以保证论文质量。我院教学办公室会张贴学校毕业论文格式规范的通知，教学秘书到时会培训学生毕业论文字体、字号、中英文摘要、关键词、脚注、参考文献和附录等诸方面的格式，保证学生论文格式规范，符合学校标准。平时，我院5月下旬安排答辩，我们严格按照学校答辩要求综合考核学生水平，不合格者，继续修改、完善论文后，安排二次答辩。

四、第二课堂

（一）第二课堂育人体系建设与保障措施

原维吾尔语言文化学院十分重视学生第二课堂教学，大力支持和鼓励学生参加各类学术创新活动，取得了一定的成绩，具体做法为：

第一，组织学生参加国家级大学生创新创业训练计划项目，取得了一定的成绩。2012 年有 1 个项目，2013 年 1 个项目，一共获得两项国家级大学生创新训练项目，2012 年获得三项中央高校项目，对于汉语基础较差、编写申报书都有难度的少数民族学生来说，这并不容易。

学院组织学生参加了校团委组织评审的大学生科研创新项目，获准立项 16 项课题，为本科生提升科研能力和实践锻炼提供了很好的平台。2016 年，我院又组织了 21 名学生申报了我校教务处组织评审的大学生创新创业训练项目，最终评审通过了《阿凡提形象在新疆旅游文化产业中的影响及其调查》等 5 个项目。

第二，组织学生参加了校团委组织的"挑战杯"竞赛，取得了一定成果。从 2012 年至今，我院八名学生获得了名次。

第三，组织学生参与教师科研项目，先后 10 余名同学参与教师科研项目，协助完成了问卷调查、转写录音文本、田野调查等学术工作。

（二）社团建设于校园文化、科技活动及育人效果

我院以学生第二课堂教学为契机，组织举办"维语角""汉语角""朗诵比赛"等活动，编辑出版维汉双语学生期刊《塔克拉玛干》，锻炼了学生实践能力，取得了一定的成效。

我院第二课堂教学特色体现在两个方面：一是特色活动；二是学生期刊。自从维吾尔语零基础班招生以来，我院推行了汉族学生学维吾尔语的"维语角"和汉族学生学汉语的"汉语角"活动，举办了一周一次的维吾尔语零基础班学生与汉语言班学生情景对话活动，取得了一定的成效，得到了评估处学习援助中心的肯定。我们实行了早读活动，其中维吾尔语言文学专业学生为维吾尔语零基础班领读课文，这一特色项目持续了三年，不过搬迁榆中校区之后停止了一段时间，之后，我们才又开始推行这一活动。如 2009 级维吾尔语言文学班学生赛福丁、阿布来提等同学带领了 2011 级零基础班学生的晨读，给学生做了发音训练和阅读练习，成效良好。除此之外，我院经常举办"诺鲁孜节""麦西来甫"文化活动，为促进学生传承和保护民族文化方面给予生动的教育，尤其是来自全国各地各民族的零基础班学生积极参与其中，学维吾尔族舞蹈，亲身体验维吾尔族文化。

（三）学生国内外交流学习情况

原维吾尔语言文化学院利用暑假期间，积极组织学生开展"三下乡"社会实践活动。从 2009 年以来，我院先后组织了"新疆吐鲁番地区教育支教小分队""新疆和硕县社会实践小分队""新疆察布查尔县教育支教小分队""阿克苏柯坪县社会实践小分队""喀什疏勒县社会实践小分队""新疆皮山县社会实践小分队"和"甘肃肃南裕固族自治县民俗调查小分队"等社会实践组，先后到新疆各地开展了社会实践和志愿服务，得到了当地群众的好评。原维吾尔语言文化学院社会实践小队还曾多次获奖，调研报告多次获奖。通过这些活动的开展，有效地促进了我院学生学习专业知识的主动性和积极性，激发了学生们的动手、动脑能力，提高了学生观察能力、实践能力和解决问题能力。目前，我院先后 10 名学生赴哈萨克斯坦法拉比国立大学留学。国外留学规模不是很大，在一带一路战略背景下，我们需要进一步拓展国外学生交流和交换领域。

五、问题与对策

（一）问题

在培养过程研究中，有如下几个突出问题：第一、有改革思路和改革思想，但没有更好地落实，重要的是缺乏保障运行改革思路相关制度和规定。除此之外，我院教学工程项目并不多，虽然获准了几项校级精品课程和校级教改项目，但教学团队、特色专业、教学示范基地、教学名师和省级教改项目等工程项目并不多。第二、在课堂教学中，存在教学方法单一、课程内容枯燥、学生兴趣不高等原因，教学中传统讲授法始终占主导地位，虽然很多教师用 PPT 课件，但 PPT 仅发挥电子黑板的作用，没能发挥演示法和情景教学法等多媒体作用。第三、实习时间较短是一个突出问题。我们对汉语言和维吾尔语零基础专业的实习时间要求延长。没有时间进行语言训练和实际运用，那么语言基础知识没法得到使用，培养的学生就可能是个能听不会说的不合格人才。我们虽然以社会实践和第二课堂教学来弥补实习时间短的缺点，但是脱离社会语言环境的语言交际活动效果并不太好。第四、第二课堂教学作为学院的特色，开展了一些特色活动，但是数量和质量远远不能满足课外学习的需求。

（二）对策

我们积极探索、不断改革和创新，摸索了一些措施和策略。具体为：第一、我院领导班子在校规章制度的基础上研究和探索了一些院级规定，从听课、调课、补课、教研活动、课堂教学规范和课程考核等诸方面继续推出一些管理规定，进一步规范和完善制度，逐渐实行"以制度管人、以制度管教学"的管理模式。我院以教学配套经费和专业加班费，鼓励教师们申报校级和省级教学工程项目，争取校级教学工程项目，然后在校级工程项目的基础上再申报省级教学工程项目，为提升教学质量而服务。第二、我们以专家培训、网络在线听课、组织听示范课、开发教学方法和课程研究等多种渠道和方式改变教学方法单一的不良局面，同时积极征求学生的建议和意见，在适当吸收学生合理意见的基础上，改善课堂教学环境，活跃课堂气氛，以教学效果为优先的理念，进一步改革课堂教学方法和学习方式。根据学校总体意见，我们逐步实现"重过程教学，轻考试成绩"的教学目标，进一步公正和公平地评价和登记学生课程成绩，提高学生的学习热情。第三、解决语言专业的实习问题有两个方案：方案一、减少学生理论学分，增加实践学分，减少课程数量，优化课程内容，集中三年完成专业课程，最后一年安排集中实习和毕业论文，制定一个检验实践能力和听说技能的考核办法，严格把关，不合格者降级重修。学校政策支持这一方案，并增加了实习经费。方案二、汉语言和维吾尔语言专业学生实行一年预科制度，实行五年制，预科阶段，集中安排专业课程，不设置公共课，集中精力强化听说读写等语言基本技能。第二年正式进入专业学习阶段，按培养要求进行教学，在专业上，提高教学难度，全面实行以教学为辅、以训练和实践为主的基本教学模式。这个方案的实行需要学校的政策支持和家长的配合，我们考虑教学质量和教学成效的话，这是一个好方案。第四、我们一如既往地抓第二课堂教学、策划和举办符合我院专业性质和专业特征的课外活动，有力地加强学生课堂知识的学习和消化。我们将在"维吾尔语角、汉语角"的基础上增加一些朗诵、背诵、演话剧、辩论、写作和翻译竞赛等形式多样、内容丰富的第二课堂教学活动，有效提升培养质量和层次。

浅谈大学语言文学专业课程资源

一、课程建设规划与执行

（1）课程建设是一项全面提高教学质量的基础性工程，我们以教研室为单位，把课程建设深入到整个教学活动和课程体系中去，形成较完整的反映专业特色和社会发展趋势的课程改革计划和可行措施。

（2）根据社会需求，我们开发了《应用文翻译》《科技作品翻译》《新闻作品翻译》《行政能力》《俄语》《日用写作》《汉语会话》等应用性课程，形成了特色课程，在此基础上学院立项了《翻译类课程教学团队》《维吾尔语言专业教学团队》《汉语言专业教学团队》和《维吾尔文学专业教学团队》等教学团队，在初步建设的基础上申报了校级教学团队《维吾尔语言文学教学团队》和《翻译类课程教学团队》。

（3）加强通识教育与专业教育的结合，加强优势专业与新专业的结合，强调理论与实践的结合，加强特色课程与专业课程的结合，按照知识、方法、能力的不同层次的教学要求，实现各门课程的有效链接和逻辑组合，建构具有创造性、开放性、选择性、有序性的完备统一的课程体系。

（4）根据课程建设的实际情况和师资现状，我院整合教学资源，制订了详细的精品课建设规划，明确建设目标，并纳入专业综合改革建设工作，设立相应的专题教改项目，给予经费支持，尤其对具备校级和省级精品课申报条件的课程给予重点扶持。学院现已拥有《汉语听说》《汉语精读》《语言学概论》《维吾尔古典文学》和《翻译理论》等5门校级精品课。

（5）为给课程建设提供经费支撑，学院资助立项了主要必修课的教改项目和精品课程，重点扶持一些主干课和主要必修课的课程建设，提高了课堂教学水平。

二、课程数量、结构及优质课程资源建设

按照 2013 版培养方案，目前各类课程资源丰富，各类课程数量如表所示：

课程体系按照"平台+板块+模块"的结构形式设置。包括通识平台、学科平台、专业平台、实践创新平台，每个平台下面有若干板块，各板块下面有若干模块。课程体系中按照全部必修课学分约占 70%、选修课学分约占 30% 的标准设置。我院各专业平均开设课程 78 门，其中必修课 28 们，选修课 50 门。

课程平台分布情况

课程类别		汉语言（维汉翻译）	中国少数民族 （维吾尔）语言文学
通识平台	通识必修课	11 门课 41 学分	11 门课 41 学分
	通识选修课	5 门课 10 学分	5 门课 10 学分
学科平台	学科必修课	5 门课 26 学分	8 门课 26 学分
	学科选修课	16 门课学修 8 学分	10 门课 8 学分
专业平台	专业必修课	12 门课，42 学分	12 门课 42 学分
	专业选修课	29 门课选修 26 学分	40 门课 26 学分

通识平台课程，包括通识必修课板块和通识选修课板块。通识必修课板块中包括政治德育教育和专项教育模块，通识选修课板块中包括自然科学、人文社会科学、素质技能拓展、体育健康与兴趣娱乐等模块。通识平台课程修读学分约占总学分的 30%（其中必修板块学分约占 80%，选修板块学分约占 20%）。

中国少数民族（维吾尔）语言文学专业课程学时学分构成表

课程类别		课堂学时	实践学时	学分数	学分比例
通识平台课程	通识必修课	1028	2W+144	41	30%
	通识选修课	180	10	19.9%	

续表

课程类别		课堂学时	实践学时	学分数	学分比例
学科平台课程	学科必修课	468	18	26	20%
	学科选修课	450	72	8	
专业平台课程	专业必修课	720	36	42	40%
	专业选修课	1035	144	26	
实践平台环节	专业实践必修	36	12W	12	10%
	实践创新选修			5	
总计		3917	14W+414	170	100%

中国少数民族（维吾尔）语言文学（师范类）专业课程学时学分构成表

课程类别		课堂学时	实践学时	学分数	学分比例
通识平台课程	通识必修课	1028	2W+144	41	30%
	通识选修课	180		10	
学科平台课程	学科必修课	468	18	26	20%
	学科选修课	504	108	8	
专业平台课程	专业必修课	756	54	42	40%
	专业选修课	1116	126	26	
实践平台环节	专业实践必修	36	12W	12	10%
	实践创新选修			5	
总计		4088	14W+450	170	100%

注：W 是指周，若实践教学时数既有以周计算又有以学时计算的，以 W+学时的方式标识。

学科平台课程，包括学科必修课板块和学科选修课板块。学科平台课程根据专业所属学科和专业类人才培养的要求确定，并形成有机联系的课程模块。学科平台课程约占总学分的 20%（其中必修板块学分约占 75%，选修板块学分约占 25%）。

汉语言专业课程学时学分构成表

课程类别		课堂学时	实践学时	学分数	学分比例
通识平台课程	通识必修课	1028	2W+144	41	30%
	通识选修课	180		10	
学科平台课程	学科必修课	468	36	26	20%
	学科选修课	522	36	8	
专业平台课程	专业必修课	756	54	42	40%
	专业选修课	1116	216	26	
实践平台环节	专业实践必修	36	12W	12	10%
	实践创新选修			5	
总计		3998	14W+486	170	100%

专业平台课程，包括专业必修课板块和专业选修课板块。专业平台课程根据本专业必须掌握的知识和能力要求设置必修课板块，根据专业拓展需要和专业特色设置选修课板块。专业平台课程约占总学分的40%（其中必修课板块学分占60%，选修课板块学分占40%）。

实践创新平台课程，包括专业实践必修板块和实践创新选修板块。专业实践必修板块包括职业生涯与发展规划、就业指导、专业实习实训和毕业实习、毕业论文（设计）等，实践创新选修板块包括学科竞赛、科研活动等。实践创新平台课程约占总学分的10%。

在课程建设中，注重以下方面的协同发展：

（1）在课程的数量与结构上，注重各个平台之间知识系统的联系，注重各个平台内部必修课与选修课的联系，一般来说，选修课是必修课的细化、深化与拓展，同时，更注重对必修课基础理论知识的实践性体验与运用。

（2）整合教学资源，扶持精品课建设。学院共有5门校级精品课。以精品课建设为契机，统筹规划，全面带动和促进教学基本建设，结合培养方案的修订，完成以课程群为支撑的板块模式的课程体系建构。

（3）以主干课程为核心，推动系列课程的教学改革。我院以教研室为单位建设了三个主要课程教学团队，以汉语言教研室为主的"汉语言类课程教学团队"，以维吾尔语言教研室为主的"维吾尔语言类课程教学团队"，以文学教研室为主的"维吾尔文学类课程教学团队"等三个主要教学团队，为今后攻关校级教学团队奠定了基础。

附录一

《文学理论》教学大纲

《文学理论》课程教学大纲

一、课程基本资料

课程编号：XXXXXXXXX

适用专业：中国少数民族语言文学

主教材：童庆炳 . 文学理论 . 北京：高等教育出版社 . 2009

辅助教材：童庆炳 . 新编文学理论 . 北京：中国人民大学出版社 . 2011

课程性质：学科平台必修课

学时：72 学时

学分：4 分

先修课程：无

授课方式：教师主讲、课堂讨论

课程考核：

· 平时成绩：___20___ %，考核方式：考勤、提问、试讲和作业

· 期中成绩：___20___ %，考核方式：闭卷测试

· 期末成绩：___60___ %，考核方式：闭卷考试

参考书目：

[1] 高校中文教材编写组 . 文学理论 . 北京：高等教育出版社、人民出版

社出版，2015.

[2] 童庆炳．文学概论．北京：北京大学出版社，2007.

[3] 韦勒克，沃沦．文学理论．北京：三联书店出版，1983.

推荐刊物：

1.《文学评论》．中国社会科学院文学研究所

2.《外国文学评论》．中国社会科学院外国文学研究所

3.《民族文学研究》．中国社会科学院少数民族文学研究所

相关网站：

1. 电脑图书下载网

2. 文科百度网

文献：

1. 童庆炳：《文学理论》教学参考书．北京：高等教育出版社，2008.

2. 童庆炳：《文学理论》教学参考书．武汉：湖北辞书出版社，2010.

二、课程教学目标、组织形式、考核方式

毕业要求	课程教学目标与毕业要求对应点	教与学的方法	考核方式
一、思想道德与职业素质目标 1. 具有正确的世界观、人生观和价值观，具有坚定的政治立场和政治理论素养； 2. 热爱祖国，拥护中国共产党的领导，自觉维护祖国统一和民族团结； 3. 具有正确的审美观念，具有高尚的思想道德品质和强烈的社会责任感； 4. 树立正确的国家观、民族观、历史观、文化观、宗教观，愿为少数民族地区的社会、经济、文化发展贡献力量； 5. 树立法律法制观念，有良好的心理素质和健康的体魄，遵守职业道德和职业规范； 6. 尊重原文作者和译文读者，热爱翻译事业，愿为少数民族和汉族文化交流做出贡献； 7. 热爱少数民族教育工作，愿意为边疆教育事业贡献自己的力量。	1. 具有正确的世界观、人生观和价值观，具有坚定的政治立场和政治理论素养； 2. 热爱祖国，拥护中国共产党的领导，自觉维护祖国统一和民族团结； 3. 树立正确的国家观、民族观、历史观、文化观、宗教观，愿为少数民族地区的社会、经济、文化发展贡献力量； 4. 树立法律法制观念，有良好的心理素质和健康的体魄，遵守职业道德和职业规范。	1. 教师引导 2. 师生互动讨论 3. 心理咨询	1. 日常交流 2. 与课堂讲课内容相结合进行教育

续表

毕业要求	课程教学目标与毕业要求对应点	教与学的方法	考核方式
二、知识目标 1. 掌握人文社会科学的基础知识； 2. 掌握现代语言文学的基础理论和基本知识； 3. 掌握维吾尔语言文学的基本知识和基本结构特点； 4. 熟悉国家的语言文字政策、法规； 5. 掌握党的民族政策和民族区域自治法； 6. 了解本学科领域的理论前沿及发展动态，具有较宽广的文化视野； 7. 了解民族历史、文化和宗教信仰以及风俗习惯等方面的基本知识。	1. 掌握现代语言学和文学的基础理论和基本知识； 2. 熟悉国家的语言文字政策、法规； 3. 了解本学科领域的理论前沿及发展动态，具有较宽广的文化视野；	1. 教师重点讲授 2. 学生课外阅读 3. 试讲模式	1. 课外作业 2. 课堂讨论 3. 闭卷考试
三、能力目标 1. 熟练掌握文学专业基本理论和知识，培养阅读、思考、分析和研究能力； 2. 能够熟练地阅读和分析古代维吾尔文文献； 3. 掌握田野调查的基本技能； 4. 具有较高的文学修养和鉴赏能力； 5. 具有运用专业知识在本领域发现问题、分析问题、解决问题的基本能力； 6. 具有利用现代信息资源、信息技术和工具获取相关知识、进行科学研究和从事本专业相关工作的能力； 7. 具有自主学习和终身学习的意识，有不断学习和适应发展的能力； 8. 具有一定的组织管理能力、人际交往能力和团队合作的能力。	1. 具有运用专业知识在本领域发现问题、分析问题、解决问题的基本能力； 2. 具有自主学习和终身学习的意识，有不断学习和适应发展的能力；	1. 教师讲解 2. 学生试讲 3. 引导学生自我探索和能力提升，形成自主学习和积极思考的能力	1. 课外作业 2. 课堂讨论 3. 小测试 4. 闭卷考试

三、学习建议与要求

1. 理论与实践相结合，课外阅读与课堂听讲相结合。

2. 预习课程内容，注重课后复习。

3. 遇到难懂的概念和范畴注意多请教教师。

4. 本课程学习应同其他相关课程的学习结合起来，要求学生多读古今中外有代表性的文学作品和文学理论著作，适当练习论文、评论短文写作，运用所学的理论知识去分析、评价作家、作品和其他文学现象。

四、教学内容概要

序号	内容	理论	上机	实验	实践	总时数
第一章	文学理论的性质和形态	4				4
第二章	马克思主义文学理论与中国当代文学理论建设	4				4
第三章	文学作为活动	6				6
第四章	文学活动的审美意识形态属性	4				4
第五章	社会主义时期的文学活动	4				4
第六章	文学创作作为特殊的精神生产	6				6
第七章	文学创作过程	4				4
第八章	文学创作的审美价值追求	4				4
第九章	文学作品的类型和体裁	4				4
第十章	文学作品的文本层次和文学形象的理想形态	6				6
第十一章	叙事性作品	4				4
第十二章	抒情性作品	4				4

序号	内容	理论	上机	实验	实践	总时数
第十三章	文学风格	4				4
第十四章	文学消费与接受的性质	4				4
第十五章	文学接受过程	4				4
第十六章	文学批评	4				4
	期中测试	2				2
合计		72				72

五、正文

第一章 文学理论的性质和形态

教学要点：

1. 从文学理论的学科属性、对象任务以及文学理论应该具有的品格，来定义文学理论的性质和形态。

2. 掌握文学理论的研究对象和任务，并以此为依据建立课程教学任务：掌握基本概念和基本理论知识。

教学时数：4 学时

教学内容：

第一节：文学理论的性质

一、文学理论的学科归属

二、文学理论应有的品格

第二节：文学理论的形态

一、文学理论形态多样化的依据

二、文学理论的基本形态

授课方式：教师主讲、学生笔记

考核要求：

1. 从学科归属、对象任务和学科品格三个角度说明文学理论的性质。

2. 识记文学理论的七种基本形态。

3. 掌握文艺学三大分支及其相互关系。

第二章　马克思主义文学理论与中国当代文学理论建设

教学要点：

1. 了解马克思主义文学理论在中国的诞生和发展。

2. 理解建设当代中国的文学理论应该注意的问题和当代中国的文学理论建设。

教学时数：4 学时

教学内容：

第一节：马克思主义文学理论的基石

一、文学活动论

二、文学反映论

三、艺术生产论

四、文学审美艺术形态

五、艺术交往论

第二节：中国当代的文学理论建设

一、马克思主义作为理论指南

二、中国特色

三、当代性

授课方式：教师主讲、学生笔记

考核要求：

1. 简要说明马克思主义文学理论的基石。

2. 了解建设当代中国的文学理论应该注意的问题。

第三章 文学作为活动

教学要点：

1. 把握文学活动及其性质。

2. 理解文学活动发生与发展的过程。

教学时数：6 学时

教学内容：

第一节：活动与文学活动

一、人类活动的性质

二、生活活动的美学意义

三、文学活动的地位

第二节：文学活动的构成

一、世界

二、作者

三、作品

四、读者

第三节：文学活动的发生与发展

一、文学活动的发生

二、文学活动的发展

授课方式：教师主讲、学生笔记

考核要求：

1. 掌握文学起源的各种学说和观点。

2. 理解文学活动与生产活动的关系，并知道文学活动在生产活动中的地位。

3. 领会文学活动四种理论视角的理论依据，并了解其片面性。

第四章 文学活动的审美意识形态属性

教学要点：

1. 文学概念的辨析。

2. 文学作为审美意识形态的性质。

教学时数：4 学时

教学内容：

第一节：文学的含义

一、文学的文化含义

二、文学的审美含义

三、文学的通行含义

四、文学与非文学

第二节：文学的审美意识形态属性

一、文学作为一般意识形态

二、文学作为审美意识形态

三、文学的审美意识形态属性的表现

第三节：文学的话语蕴藉属性

一、文学与话语

二、文学与话语蕴藉

三、话语蕴藉的典范形态

授课方式：教师主讲、学生笔记

考核要求：

1. 文学几种含义及其现在通行的含义。

2. 话语蕴藉及其在文学中话语蕴藉的属性的理解。

3. 审美意识形态属性的正确理解。

第五章　社会主义时期的文学活动

教学要点：

1. 掌握社会主义时期文学活动的基本属性、价值取向及其发展。

2. 了解当代文学活动的基本特点。

教学时数：4 学时

教学内容：

第一节：社会主义时期文学活动的基本属性

一、社会主义的意识形态

二、社会主义时期文学活动的主导性、层次性、多样性

第二节：社会主义时期文学活动的价值取向

一、社会主义时期文学活动的主要价值取向

二、雅与俗："阳春白雪"与"下里巴人"的统一

三、按照"美的规律"创造艺术珍品

四、作家、艺术家与新时代的人民群众相结合

第三节：社会主义时期的文学活动的发展

一、继承与革新：弘扬民族的优秀文化传统

二、借鉴与创造：民族文学与世界文学的沟通

三、百花齐放，推陈出新，发展社会主义新文学

授课方式：教师主讲、学生笔记

考核要求：

1. 能正确认识文学活动中的雅与俗，并且掌握社会主义时期文学活动的基本属性。

2. 能正确理解民族文学与世界文学的相互关系。

第六章　文学创造作为特殊的精神生产

教学要点：

1. 理解文学创造作为特殊的精神生产的特点。

2. 辨析文学创造的主客体之分。

教学时数：6 学时

教学内容：

第一节：文学创造作为特殊的生产

一、精神生产与物质生产

二、文学创造与其他精神生产的区别

第二节：文学创造的主体与客体

一、文学创造的客体

二、文学创造的主体

第三节：文学创造的主客关系

一、文学创造的主客关系的特点

二、文学创造中的主客体的双向运动

授课方式：教师主讲、学生笔记

考核要求：

1. 理解文学创造作为一种特殊的精神生产时，它与宗教、科学的本质区别。

2. 准确掌握文学创造中的主客体关系及创造中主客体的双向运动。

第七章　文学创造过程

教学要点：

1. 理解文学创造过程的三个不同阶段。

2. 区分意识和无意识在文学创造中的意义。

3. 熟练掌握艺术发现的基本特征。

教学时数：4 学时

教学内容：

第一节：文学创造的发生阶段

一、材料（信息）储备的主体性特征

二、艺术发现

三、创作动机

第二节：文学创造的构思阶段

一、艺术构思及其心理机制

二、构思方式

第三节：文学创造的物化阶段

一、"形之于心"到"形之于手"

二、语词提炼与技巧运用

三、即兴与推敲

授课方式：教师主讲、学生笔记

考核要求：

1. 理解文学材料的主体性特征。

2. 知道艺术发现的心理特征是什么。

3. 能够明确地把握意识和无意识在文学创造中的意义。

第八章 文学创造的审美价值追求

教学要点：

1. 熟练牢记艺术真实、艺术概括、情感把握及形式创造等概念。

2. 详细阐述情感把握在文学创造中的诚挚性与高尚性原则。

教学时数：6 学时

教学内容：

第一节：艺术真实

一、认识与艺术真实

二、艺术真实的主要特征

三、艺术概括

第二节：情感评价

一、情感评价的文学意义

二、情感评价作为"诗意的裁判"

三、人文关怀与历史理性

第三节：形式创造

一、文学与艺术形式

二、形式创造的基本内涵

三、形式美问题

授课方式：教师主讲、学生笔记

考核要求：

1. 能够阐明情感评价的高尚品格及功利取向与文学尚"善"的审美价值追求之关系。

2. 诠释情感评价的诚挚情态及艺术呈现之含义。

3. 能够说明形式创造对文学审美价值的实现所具有的意义。

第九章 文学作品的类型和体裁

教学要点：

1. 了解文学体裁的基本分类及其主要特征。

2. 能够运用文学类型理论来分析当代文学作品。

教学时数：4 学时

教学内容：

第一节：文学作品的类型

一、现实型文学

二、理想型文学

三、象征型文学

四、文学类型的发展演变

第二节：文学作品的基本体裁

一、诗

二、小说

三、剧本

四、散文与文学报告基本概念

授课方式：教师主讲、学生笔记、学生试讲

考核要求：

1. 了解现实性文学，理想性文学，象征性文学等基本概念。

2. 比较并区别出现实性文学，理想性文学，象征性文学。

第十章　文学作品的文本层次和文学形象的理想形态

教学要点：

1. 区别文学典型，文学意境与文学意象。

2. 深刻理解文学典型，文学意境与文学意象的不同特点。

3. 运用典型、意境、意象理论来具体分析具体作品。

教学时数：6 学时

教学内容

第一节：文学作品的文本层次

一、文学作品的文本层次问题

二、文学作品的文本层次

第二节：文学典型

一、典型论的发展

二、文学典型的美学特征

三、典型环境中的典型人物

第三节：意境

一、意境概念的形成及界定

二、意境的特征

三、意境的分类

第四节：文学意象

一、观念意想及其其高级形态审美意象

二、审美意象的基本特征

三、审美意象的分类

授课方式：教师主讲、学生笔记、学生试讲

考核要求：

1. 了解文学典型，文学意境与文学意象的基本概念。

2. 举例说明文学意境的特征。

3. 理解审美意象的不同特征。

第十一章　叙事性作品

教学要点：

1. 掌握有关叙事文学的基本概念，如叙事学，情节，叙述频率等。

2. 理解叙述角度的转换对于阅读的意义。

3. 运用叙事理论来分析叙事作品中叙述者声音的特征。

教学时数：4学时

教学内容：

第一节：叙事界定

一、叙事理论与叙事学

二、叙事的含义与特征

三、叙事与审美意识形态本质

四、叙事的构成

第二节：叙事内容

一、故事

二、结构

三、行动

第三节：叙事话语

一、文本时间与故事时间

二、视角

第四节：叙述动作

一、叙述者与作者

二、叙述者与声音

三、叙述者与接受者

授课方式：教师主讲、学生笔记、学生试讲

考核要求：

1. 理解叙事的特征。

2. 运用叙事理论来分析叙事作品中叙述者声音的特征。

第十二章　抒情性作品

教学要点：

1. 区分叙事性文学作品与抒情性文学作品。

2. 掌握文学抒情话语的特征。

教学时数：4 学时

教学内容：

第一节：抒情界定

一、抒情与抒情性作品

二、抒情与现实

三、抒情中的自我与社会

四、抒情与宣泄

第二节：抒情性作品的构成

一、抒情内容与抒情话语

二、抒情性作品的结构

第三节：抒情方式

一、抒情话语的修辞方式

二、抒情角色

授课方式：教师主讲、学生笔记、学生试讲

考核要求：

1. 理解文学抒情与文学叙事的区别。

2. 辨析"一切景语皆情语"。

第十三章　文学风格

教学要点：

1. 掌握文学风格的概念，风格的形态及其地域性，民族性。

2. 论述叙述风格与创作个性之间的关系。

3. 运用风格理论对具体的作品进行分类。

教学时数：4 学时

教学内容：

第一节：风格的诸种观念和理论

一、风格是独特的言语形式

二、风格是作家创作个性在作品中的自然流露

三、风格是主体与对象、内容与形式相契合时呈现的特色

四、风格是读者辨认出的一个格调

第二节：风格的定义和内涵

一、创作个性是文学风格形成的内在根据

二、主体对象的和谐统一是风格存在的基本条件

三、文体特色和言语组织式风格呈现的外部特征

第三节：文学风格的类型与价值

一、风格类型的划分

二、文学风格的审美价值

第四节：文学风格与文化

一、文学风格与时代文化

二、文学风格与民族文化

三、文学风格与地域文化

四、文学风格与流派文化

授课方式：教师主讲、学生笔记、学生试讲

考核要求：

1. 论述叙述风格与创作个性之间的关系。

2. 理解风格的审美价值。

第十四章　文学消费与接受的性质

教学要点：

1. 辨析文学生产、文学消费与文学接受。

2. 了解消费时代对于文学的影响。

教学时数：4 学时

教学内容：

第一节：文学消费与一般消费

一、文学生产、传播与消费

二、文学消费的二重性

三、文学消费与文学的审美意识形态性

四、文学消费与文学接受

第二节：文学接受的文化属性

一、文学接受作为审美活动

二、文学接受作为认识活动

三、文学接受作为文化价值阐释活动

四、文学接受作为审美交流活动

授课方式：教师主讲、学生笔记、学生试讲

考核要求：

1. 理解文化市场对于文学生产与消费的影响。

2. 理解文学消费是一种审美交流活动。

第十五章　文学接受过程

教学要点：

1. 理解期待视野、接受心境、隐含读者等基本概念。

2. 运用期待视野来分析"一百个读者心目中有一百个哈姆莱特"。

3. 领会接受心境与接受效果之间的复杂关系。

教学时数：4 学时

教学内容：

第一节：文学接受的发生

一、期待视野

二、接受动机

三、接受心境

四、从隐含的读者到读者阅读

第二节：文学接受的发展

一、填空、对话与兴味

二、还原与异变

三、理解与误解

四、期待遇挫与艺术魅力

第三节：文学接受的高潮

一、共鸣

二、净化

三、领悟

四、余味

授课方式：教师主讲、学生笔记、学生试讲

考核要求：

1. 了解文学接受的心理动机。

2. 了解文学接受过程中的误解与误读。

第十六章 文学批评

教学要点：

1. 理解文学批评的意识形态性质。

2. 掌握文学批评的思想标准与艺术标准。

3. 了解文学批评家应该具备的基本素养。

教学时数：4 学时

教学内容：

第一节：文学批评的价值取向

一、文学批评的界定

二、马克思主义的文学批评及其标准

第二节：文学批评的模式

一、传统批评模式

二、现代批评模式

第三节：文学批评的实践

一、了解对象

二、选点切入

三、确定要旨

四、布局安排

五、力求创新

授课方式：教师主讲、学生笔记、学生试讲

考核要求：

1. 掌握文学批评的审美意识形态性质。

2. 理解文学批评的思想标准与艺术标准的内涵及其两者之间的关系。

附录二

《马克思主义文学理论选讲》教学大纲

《马克思主义文学理论选讲》课程教学大纲

一、课程基本资料

课程编号 XXXXXXX

适用专业：中国语言文学类

主教材：艾合买提·赛都拉、阿布都外力·克热木.马列文论.北京：民族音像出版社.2016 年版。

辅助教材：编写组.新编马克思主义文论.北京：中国人民大学出版社.2011 年版。

课程性质：专业平台必修课

学时：36 学时，其中理论课 36 学时

学分：2 分，其中理论课 2 学分

先修课程：《文学理论》《马克思主义理论》

授课方式：教师主讲、学生试讲和课堂讨论

课程考核：

· 平时成绩：___20___ %，考核方式：考勤、提问、试讲和作业

· 期中成绩：___20___ %，考核方式：课程论文

· 期末成绩：___60___ %，考核方式：闭卷考试

参考书目：

1. 郭郁烈．审美与确证．北京：民族出版社，2000.

2. 陆贵山．马克思主义文艺论著选讲．北京：中国人民大学出版社出版，2019.

3. 中国作家协会．马克思恩格斯列宁斯大林论文艺．北京：中央编译局出版，2010.

推荐刊物：

1.《中国社会科学》中国社会科学院

2.《马克思主义研究》中国社会科学院马列所

3.《毛泽东邓小平理论研究》上海社会科学院

相关网站：中共中央编译局网站 www.cctb.net/wxzl/jd/m

二、课程教学目标、组织形式、考核方式

毕业要求	课程教学目标与毕业要求对应点	教与学的方法	考核方式
一、思想道德与职业素质目标 1. 具有正确的世界观、人生观和价值观，具有坚定的政治立场和政治理论素养； 2. 热爱祖国，拥护中国共产党的领导，自觉维护祖国统一和民族团结； 3. 具有正确的审美观念，具有高尚的思想道德品质和强烈的社会责任感； 4. 树立正确的国家观、民族观、历史观、文化观、宗教观，愿为少数民族地区的社会、经济、文化发展贡献力量； 5. 树立法律法制观念，有良好的心理素质和健康的体魄，遵守职业道德和职业规范； 6. 尊重原文作者和译文读者，热爱翻译事业，愿为少数民族和汉族文化交流做出贡献； 7. 热爱少数民族教育工作，愿意为边疆教育事业贡献自己的力量。	1. 具有正确的世界观、人生观和价值观，具有坚定的政治立场和政治理论素养； 2. 热爱祖国，拥护中国共产党的领导，自觉维护祖国统一和民族团结； 3. 树立正确的国家观、民族观、历史观、文化观、宗教观，愿为少数民族地区的社会、经济、文化发展贡献力量； 4. 树立法律法制观念，有良好的心理素质和健康的体魄，遵守职业道德和职业规范。	1. 教师引导 2. 师生互动讨论 3. 心理咨询	1. 日常交流 2. 与课堂讲课内容相结合进行教育

续表

毕业要求	课程教学目标与毕业要求对应点	教与学的方法	考核方式
二、知识目标 1. 掌握人文社会科学的基础知识； 2. 掌握现代语言文学的基础理论和基本知识； 3. 掌握维吾尔语言文学的基本知识和基本结构特点； 4. 熟悉国家的语言文字政策、法规； 5. 掌握党的民族政策和民族区域自治法； 6. 了解本学科领域的理论前沿及发展动态，具有较宽广的文化视野； 7. 了解民族历史、文化和宗教信仰以及风俗习惯等方面的基本知识。	1. 掌握现代语言学和文学的基础理论和基本知识； 2. 熟悉国家的语言文字政策、法规； 3. 了解本学科领域的理论前沿及发展动态，具有较宽广的文化视野；	1. 教师重点讲授 2. 学生课外阅读 3. 试讲模式	1. 课外作业 2. 课堂讨论 3. 闭卷考试
三、能力目标 1. 熟练掌握文学专业基本理论和知识，培养阅读、思科、分析和研究能力； 2. 能够熟练地解读和分析古代维吾尔文文献； 3. 掌握田野调查的基本技能； 4. 具有较高的文学修养和鉴赏能力； 5. 具有运用专业知识在本领域发现问题、分析问题、解决问题的基本能力； 6. 具有利用现代信息资源、信息技术和工具获取相关知识、进行科学研究和从事本专业相关工作的能力； 7. 具有自主学习和终身学习的意识，有不断学习和适应发展的能力； 8. 具有一定的组织管理能力、人际交往能力和团队合作的能力。	1. 具有运用专业知识在本领域发现问题、分析问题、解决问题的基本能力； 2. 具有自主学习和终身学习的意识，有不断学习和适应发展的能力；	1. 教师讲解 2. 学生试讲 3. 引导学生自我探索和能力提升，形成自主学习和积极思考的能力	1. 课外作业 2. 课堂讨论 3. 小测试 4. 闭卷考试

三、学习建议与要求

1. 理论与实践相结合。课外阅读马列主义原著与课堂听讲相结合

2. 预习课程内容

3. 将难懂概念和范畴请教教师

四、教学内容概要

序号	内容	理论	上机	实验	实践	总时数
第一章	马列主义文论性质、任务、内容和方法	2				2
第二章	马克思《政治经济批判·序》	4				4
第三章	马克思、恩格斯致拉萨尔:《资金根》论析	6				6
第四章	恩格斯致米娜·卡兹基:《旧与新》论析	6				6
第五章	恩格斯致玛格丽特·哈克奈斯:《城市少女》论析	6				6
第六章	列宁《党的组织与出版物》论析	4				4
第七章	毛泽东《延安讲话》论析	2				2
第八章	邓小平《全国第四次文代会祝辞》论析	2				2
第九章	习近平《在全国文艺工作座谈会上的讲话》《全国第十届文代会、第九次作代会上的讲话》	2				2
合计		36				36

五、正文

第一章 马列文论性质与任务

教学要点：马克思主义、马克思主义经典著作、马克思主义文论课程

教学时数：2学时

教学内容：马克思主义文论的性质与任务、内容与方法等教学内容。

第一节：马克思主义文论概念

一、马克思主义文论及其内容

二、马克思主义文论任务

第二节：马克思主义领袖就文艺事业的关心

一、马克思、恩格斯就文艺事业的关注

二、列宁就作家及其文学创作的关心

授课方式：教师主讲、学生记笔记

考核要求：

1. 记忆教学要点

2. 理解主要概念

3. 掌握学习方法

4. 论述学习马列主义文论的原因及其必要性

第二章 马克思《政治经济批判·序》

教学要点：生产力、生产关系、经济基础、上层建筑、希腊神话艺术魅力

教学时数：4学时

教学内容：马克思主义就文艺与经济基础的关系、文艺在上层建筑的意识形态、希腊文学艺术成就、物质生产与艺术生产关系的不平衡性

第一节：马克思的《序》

一、经济基础与上层建筑的关系

二、经济基础与文艺的关系

第二节：马克思《前言》

一、物质生产与精神生产的关系

二、精神生产与艺术生产

授课方式：教师主讲、学生记笔记

考核要求：

1. 记忆教学要点

2. 理解主要概念

3. 掌握学习方法

4. 论述文艺与经济基础的关系

第三章 马克思致斐迪南·拉萨尔与恩格斯致斐迪南·拉萨尔

教学要点：拉萨尔、历史剧、《资金根》、艺术真实、历史悲剧

教学时数：6学时

教学内容：马克思的艺术真实、历史悲剧、社会根源、莎士比亚式文学创作方法、席勒式文学创作方法、恩格斯就历史剧的内容与形势的理想

第一节：马克思致拉萨尔

一、历史悲剧问题

二、历史真实问题

第二节：恩格斯致拉萨尔

一、现实主义文学创作

二、席勒式文学

三、马克思、恩格斯致拉萨尔之信的意义

授课方式：教师主讲、学生记笔记

考核要求：

1. 记忆教学要点

2. 理解主要概念

3. 掌握学习方法

4. 论述学习这篇马列主义文献意义

第四章　恩格斯致米娜·卡兹基

教学要点：米娜·卡兹基、《旧与新》《格林古夫的司提潘》、艺术典型、艺术上的个性与倾向

教学时数：6 学时

教学内容：文献背景、艺术典型的原因及其发展、艺术上的个性与倾向问题等教学内容。

第一节：恩格斯致拉萨尔

一、文献注释

二、艺术典型

第二节：艺术上的个性与倾向

一、艺术上的个性与倾向

二、恩格斯文献的历史意义

授课方式：教师主讲、学生记笔记

考核要求：

1. 记忆教学要点

2. 理解主要概念

3. 掌握学习方法

4. 论述马列主义艺术典型概念

第五章　恩格斯致玛格丽特·哈克奈斯

教学要点：玛格丽特·哈克奈斯、《城市少女》、艺术家的胆量、文学真实、典型性、文献意义

教学时数：6 学时

教学内容：艺术家的胆量、文学真实、典型性、文献意义等教学内容。

第一节：恩格斯致米娜·卡兹基

一、文献注释和概念讲解

二、艺术家的胆量问题

第二节：恩格斯文献分析

一、文献诞生的前后历史背景

二、文学真实与典型

三、文学创作与世界观的关系

四、无产阶级文学创作的历史任务

五、文献意义与价值

授课方式：教师主讲、学生记笔记

考核要求：

1. 记忆教学要点

2. 理解主要概念

3. 掌握学习方法

4. 论述学习无产阶级文学及其任务问题

第六章　列宁的《党的组织与党的出版物》

教学要点：列宁、无产阶级出版物、党的组织、党性、党的文艺政策

教学时数：4 学时

教学内容：党的文艺工作基本原则、资产阶级创作自由论的谬论等教学内容。

第一节：列宁《党的组织与党的出版物》

一、文献注释和概念讲解

二、文献历史背景

第二节：党的出版政策

一、党的文艺政策

二、列宁就资产阶级创作自由论的驳论

授课方式：教师主讲、学生记笔记

考核要求：

1. 记忆教学要点

2. 理解主要概念

3. 掌握学习方法

4. 论述出版与文艺事业的基本政策

第七章　毛泽东《在延安文艺座谈会上的讲话》

教学要点：《讲话》历史背景、五四运动、为人民服务、深入生活

教学时数：2 学时

教学内容：文艺与党的事业的关系、文艺政策、继承与创新、文艺批评等教学内容。

第一节：毛泽东的《讲话》

一、《讲话》概念讲解

二、《讲话》历史背景

第二节：《讲话分析》

一、党的事业与文艺创作的关系

二、继承与创作

三、文艺批评

授课方式：教师主讲、学生记笔记

考核要求：

1. 记忆教学要点

2. 理解主要概念

3. 掌握学习方法

4. 论述学习文艺批评

第八章　邓小平《中国文学艺术工作者第四次代表大会上的祝词》

教学要点：新中国成立后的文艺政策、社会主义文艺建设、社会主义文明建设、"双百"方针

教学时数：2 学时

教学内容：遵守文艺规律、文艺与政治的关系正确处理问题等教学内容。

第一节：邓小平《祝词》

一、《祝词》概念讲解

二、历史背景

第二节：《祝词》的分析

一、建国后的文艺政策与社会主义文艺建设

二、社会主义文明建设与文艺创作规律问题

授课方式：教师主讲、学生记笔记

考核要求：

1. 记忆教学要点

2. 理解主要概念

3. 掌握学习方法

4. 学习并论述文艺与政治的关系

第九章　习近平总书记：《在全国文艺工作座谈会上的讲话》《在全国第十次文代会、第九次作代会上的讲话开幕式上的讲话》

教学要点：习近平总书记文艺思想、中华民族文化复兴、时代性、人民性、社会主义核心价值观、文艺创作价值取向、文艺批评、党对文艺工作的领导

教学时数：4 学时

教学内容：学习讨论领会习近平总书记文艺思想的丰富内涵和理论指导意义等教学内容。

第一节：习近平总书记两次《讲话》

一、《讲话》时代背景

二、《讲话》的理论指导意义

第二节：《讲话》的分析

一、习近平总书记文艺思想的丰富内涵

二、习近平总书记文艺思想的主要特点

授课方式：教师主讲、学生课堂讨论兼记笔记

考核要求：

1. 记忆教学要点

2. 理解主要概念

3. 掌握学习方法

4. 习近平总书记文艺思想的理论体系

附录三

《比较文学》教学大纲

《比较文学》课程教学大纲

课程名称：比较文学

英文名称：Comparative Literature

一、课程基本情况

1. 学分：2 学时：36（理论学时：34 实验学时：2）

2. 课程类别：专业方向限定选修课

3. 适用专业：汉语言文学

4. 适用对象：本科

5. 先修课程：《中国古代文学史》《中国现当代文学史》《外国文学史》

6. 教材与参考书目：

教材：《比较文学概论》，陈惇、刘象愚编著，北京师范大学出版社，2000 年。

参考书：《比较文学新编》，乐黛云主编，北京大学出版社，2000 年；《比较文学教程》，胡亚敏编著，华中师范大学出版社，2004 年；《比较文学译文集》，张隆溪选编，北京大学出版社，1982 年；《比较文学论文集》，张隆溪、温儒敏编选，北京大学出版社，1984 年；《比较故事学》，刘守华著，上海文艺出版社，1995 年；《谈艺录》，钱钟书著，中华书局，1984 年；《美学散步》，宗白华著，上海人民出版社，1981年。

二、课程介绍

1. 21世纪是一个多元、开放的世纪，也是全球化的世纪。在这样一个飞速发展的世纪，文化建设工作绝不可能在孤立的民族文化之中进行，而必然是在各民族文化的碰撞、沟通和融合之中进行，这就需要在分析、比较、综合的基础上来进行。比较文学是一门新兴学科，它以"他山之石，可以攻玉"作为教学指导思想，所具有的国际角度和宏观视野是民族文学研究所望尘莫及的。《比较文学》的研究对象是跨民族界限、跨学科界限的各种文学关系，其性质是文学研究的一支，是一门独立的学科，而不单纯是一种研究方法。现在，比较文学已经成为国际上最有活力、最有成就、最受人青睐的学科之一，世界各国的大学在社科院系，均已开设该门课程，因而成为当今世界上的一门"显学"，将大有可为。

2. 《比较文学》是专业教学计划中的专业选修课，是《中国古代文学史》《中国现当代文学史》《外国文学史》的后续课。

3. 引导学生能按照中外文学发展史线索掌握各个时期、各主要文学思潮流派概况、重要作家作品等基础知识，学习并掌握对异质的中外文化间的文学历史、文学运动和文学现象的梳理与评析的基本方法。既能明晰比较文学的名称与实质，又能理解比较文学同民族文学、外国文学、世界文学与总体文学等概念间的学科特性，以及彼此间存在着的相辅相成联系。充分把握比较文学学科的发展史（尤其是中外比较文学学科发展的史前史与早期史间的根本差异）。全面理解该学科的研究对象、种类和任务。根据影响研究、平行研究及跨学科研究的各自研究范畴和研究目的，借助中外文学文化领域中的史实，进行初步的且有一定价值的比较研究。

教学中，以讲授法为主，讨论法为辅，还将结合电影观摩等方法，紧密结合具体的优秀比较文学论文的例子，既说明理论问题，又传授写作比较文学论文的方法和技巧，为撰写毕业论文打下一定基础。采用多媒体课件作为辅助教学的教学手段。

三、课程内容、学时分配及教学基本要求

第一章　什么是比较文学（共3学时）

（一）教学内容：

第一节　造成"比较文学"概念混乱的原因

知识要点："文学"的涵义不同，"比较"一词翻译时涵义的差别，比较方法能否概括该学科的特点。

第二节　比较文学的定义及分类

知识要点：比较文学的性质，研究对象，学科特点。

教学重点：（1）作为"方法"的"比较"与"比较文学"学科性质之间存在差异；（2）"文学比较"是比较文学学科名不副实现象的表现形态。

教学难点：造成比较文学概念混乱的原因，"比较"与"文学"词语搭配不当所引起的名不副实现象。

（二）教学基本要求：

1. 比较文学作为一门学科，了解有关它的命名情况，理解"比较"是其自觉的意识，掌握"比较文学"与"国别文学""民族文学""世界文学""总体文学"等概念，熟练掌握比较文学的性质、研究对象和定义。

2. 了解"比较"对比较文学的意义，初步掌握比较文学的研究方法，掌握选择比较对象的原则和方法。

第二章　比较文学发展的历史与现状（共3学时）

（一）教学内容：

第一节　国外比较文学的历史

知识要点：史前史，学科史，三大学派的形成和各自的特点。

第二节　中国比较文学的发展

知识要点：建国前，建国后，比较文学的复兴。

教学重点：三大学派的形成和各自的特点

教学难点：比较文学具有怎样的学科"简史"？它的诞生以何为标志？

（二）教学基本要求：

1. 了解我国和国外比较文学发展的历史，掌握学科确立的标志及三大学派的基本主张和比较文学的发展新趋势。

2. 比较文学的研究对象是什么。

3. 比较文学的研究种类，研究范围是如何划分的。

4. 比较文学的研究任务是什么。

第三章　比较文学的研究类型和方法（共 10 学时）

（一）教学内容：

第一节　影响研究

知识要点：影响研究的定义，分类，研究范围：流传学、誉与学、媒介学，研究步骤和局限。

第二节　平行研究

知识要点：平行研究的定义，两个前提，研究范围：主题学、类型学，研究方法和局限。

第三节　阐发研究

知识要点：阐发研究的定义，研究范围，注意事项。

第四节　主要研究方法

知识要点：社会历史研究法、文化研究法、型构法、原型分析法、心理分析法、文献目录法。

教学重点：影响研究，平行研究

教学难点：主要研究方法包括社会历史研究法、文化研究法等。

（二）教学基本要求：

1. 了解比较文学发展过程中形成的主要研究类型影响研究与平行研究，掌握基本研究类型的特点，掌握一种具体的研究法进行基本类型的研究。

2. 了解具体研究的操作过程，初步理解比较文学研究的方法，掌握确定研究类型的标准，并可以将之运用到具体论文写作中。

第四章　比较文学与其他学科（共 6 学时）

（一）教学内容：

第一节　文学与艺术

知识要点：亲缘关系，文学从艺术取材，艺术向文学借鉴。

第二节　文学与宗教

知识要点：发生学角度审视的亲缘关系，文学有利于宗教传播，宗教影响文学创作。

第三节　文学与哲学

知识要点：文学受哲学影响，哲学依靠文学传播。

第四节　文学与自然科学

知识要点：文学表现自然科学，文学的研究方法借鉴自然科学，自然科学知识通过文学传播。

教学重点：文学与艺术之间的关系，文学与宗教之间的互相渗透。

教学难点：具体分析文学与哲学，文学与自然科学的范例。

（二）教学基本要求：

1. 了解文学与其他学科的亲缘关系，掌握与其他学科相互影响的体现。

2. 了解不同学科间整合的含义，进一步掌握进行阐发研究的具体方法。

第五章　中西文类比较（共6学时）

（一）教学内容：

通过中西文类个案研究，进一步巩固和加深对比较文学的基本原理和性质的认识；进一步熟悉比较文学的研究对象、种类及其任务。

第一节　中西小说比较

知识要点：中西小说的结构艺术之比较、原因分析。

第二节　中西诗歌比较

知识要点：中国古典诗词用词凝练，意境含蓄，善于写景抒情；而英美诗歌则注重描写景物在人们心里唤起的反应，以此来表达自己的主观意识，比较奔放。

第三节　中西戏剧比较

知识要点：中国戏曲的形成过程是多种娱乐样式的综合，西方戏剧产生于祭祀，比较中西戏剧从业人员的社会地位的差异等。

第四节　中西散文比较

知识要点：中国散文是人生觉悟的小随笔，从属于小说、戏剧等大文体。

西方散文理性、孕育着深刻哲理。

教学重点：中西文类的相同与不同点。

教学难点：中西文类产生不同与相同现象的原因：渊源差异、观众差异等等。

（二）教学基本要求：

1. 了解中西文类的发展脉络，理解中西文类产生不同与相同现象的原因，掌握中西文类的相同与不同点。通过个案研究，进一步巩固和加深对比较文学的基本原理和性质的认识；

2. 了解进行中西文类比较的立足点，初步掌握进行文类比较的方法，掌握比较同时期文类特征的主要参数。进一步熟悉比较文学的研究对象、种类及其任务。

第六章　比较文学与当代文化理论（共4学时）

（一）教学内容：

文学研究的主要领域：文学史——文学理论——文学批评；比较文学与阐释学、接受美学等概念间的关系。

第一节　比较文学与阐释学

知识要点：阐释学的理论发展，主要理论观点，对比较文学发展的影响。

第二节　比较文学与接受美学

知识要点：接受美学的理论发展，主要理论观点，对比较文学发展的影响。

（二）教学基本要求：

1. 了解阐释学和接受理论的形成和发展，掌握其基本理论主张，以其对比较文学的发展的影响作为重点。

2. 了解运用文化理论进行比较文学研究的意义，初步掌握运用当代文化理论进行比较文学研究的方法。

四、课内实验、实践环节及要求

无

五、考核办法

1. 考核方式：考查

2. 考核形式：开卷

3. 成绩核定：课程成绩＝平时（20%）＋期中（20%）＋期末（60%）

附录四

《中国现当代文学》教学大纲

《中国现当代文学》（课程）教学大纲

一、课程基本资料

课程编号：XXXXXXX

适用专业：汉语言文学

主教材：

李明军. 中国现当代文学［M］. 陕西：陕西师范大学大学出版社. 2010 年 8 月 1 版。

辅助教材：

1. 谢冕、洪子诚主编《中国当代文学作品精选》（增订本），北京大学出版社，2004 年 6 月。

2. 严家炎、孙玉石主编《中国现代文学作品精选》，北京大学出版社，1996 年 5 月。

课程性质：学科平台选修课

学时：54 学时，其中理论课 54 学时、实践学时 0 学时（含期中考核 2 学时）

学分：3 学分

先修课程：无

授课方式：知识传授、技能训练

课程考核：

·平时成绩：＿＿20＿＿%，考核方式：考勤40%、作业40%、笔记20%

·期中成绩：＿＿20＿＿%，考核方式：作业

·实验（上机、实践）成绩：0%，考核方式：无

·期末成绩：＿＿60＿＿%，考核方式：闭卷

参考书目：

1. 吴宏聪、范伯群主编《中国现代文学史》，武汉大学出版社，1993年。

2. 洪子诚著《中国当代文学史》，北京大学出版社，2002年。

3. 张钟、洪子诚、佘树森、赵祖谟、汪景寿著《中国当代文学》，北京大学出版社，1988年。

4. 张钟、洪子诚、佘树森、赵祖谟、汪景寿著《当代中国文学概观》，北京大学出版社，1986年。

5. 夏传才主编《中国现代文学名篇选读》（上、下册），南开大学出版社，1999年12月。

6. 谢冕、洪子诚主编《中国当代文学作品精选》（增订本），北京大学出版社，2004年6月。

7. 严家炎、孙玉石主编《中国现代文学作品精选》，北京大学出版社，1996年5月。

8. 钱谷融、吴宏聪主编《中国现代文学作品选读》（上、下册），华东师范大学出版社，1990年8月。

推荐刊物：

1. 谢冕、洪子诚主编《中国当代文学史料选》，北京大学出版社，1995年。

2. 中国现代文学研究丛刊杂志社：《中国现代文学研究丛刊》。

相关网站：

中国文学网 http：//www.zgywjy.com/

二、课程教学目标、组织形式、考核方式

毕业要求	课程教学目标与毕业要求对应点	教与学的方法	考核方式
一、思想道德与职业素质目标 1. 具有正确的世界观、人生观和价值观，具有坚定的政治立场和政治理论素养； 2. 热爱祖国，拥护中国共产党的领导，自觉维护祖国统一和民族团结； 3. 具有正确的审美观念，具有高尚的思想道德品质和强烈的社会责任感； 4. 树立正确的国家观、民族观、历史观、文化观、宗教观，愿为少数民族地区的社会、经济、文化发展贡献力量； 5. 树立法律法制观念，有良好的心理素质和健康的体魄，遵守职业道德和职业规范； 6. 尊重原文作者和译文读者，热爱翻译事业，为少数民族和汉族文化交流做出贡献； 7. 愿意为边疆发展建设事业贡献自己的力量。	1. 具有正确的世界观、人生观和价值观，具有坚定的政治立场和政治理论素养； 2. 热爱祖国，拥护中国共产党的领导，自觉维护祖国统一和民族团结； 4. 树立正确的国家观、民族观、历史观、文化观、宗教观，愿为少数民族地区的社会、经济、文化发展贡献力量； 5. 树立法律法制观念，有良好的心理素质和健康的体魄，遵守职业道德和职业规范。	1. 教师讲授 2. 学生查阅课外资料 3. 师生互动	1. 日常交流 2. 平时作业
二、知识目标 本课程主要采取课堂授课的方式，辅之以学生课下阅读相关作品、课上讨论等实践教学环节，各个历史时期的文学思潮采取重点讲授和学生阅读相结合的方式，各个历史时期代表作家、代表作品采取课下阅读、课上讨论和讲解相结合的方式。	1. 掌握中国现代文学的基本知识； 2. 了解中国现代主要作家的代表作品。	1. 教师重点讲授 2. 学生课外阅读 3. 师生问题研讨 4. 及时反馈意见	1. 课外作业 2. 课堂讨论 3. 闭卷考试

毕业要求	课程教学目标与毕业要求对应点	教与学的方法	考核方式
三、能力目标 1. 学生了解中国现当代文学的发展状况，掌握较丰富的中国现当代文学史常识，提高学生的中国现当代文学素养，培养学生的人文意识； 2. 具有自主学习和终身学习的意识，有不断学习和适应发展的能力； 3. 具有运用专业知识在本领域发现问题、分析问题、解决问题的基本能力。	1. 能准确无误、通顺流畅地用汉文写作； 2. 利用文学理论赏析品论文学作品； 3. 具有自主学习和终身学习的意识，有不断学习和适应发展的能力。	1. 教师示范指导 2. 学生加强训练 3. 及时纠错改错 4. 重在能力培养	1. 课外作业 2. 课堂练习 3. 闭卷考试

三、学习建议与要求

　　《中国现当代文学简史》是我院中文类专业的选修课程之一，是为培养兼通汉语言文学的少数民族语言文学专门人才而设立的专业基础课程，它上承《中国古代文学简史》课程，形成一个完整的中国文学史课程的教学链。本课程主要采取课堂授课的方式，辅之以学生课下阅读相关作品、课上讨论等实践教学环节，各个历史时期的文学思潮采取重点讲授和学生阅读相结合的方式，各个历史时期代表作家、代表作品采取课下阅读、课上讨论和讲解相结合的方式。通过《中国现当代文学简史》这门课程的学习，使学生了解中国现当代文学的发展状况，掌握较丰富的中国现当代文学史常识，提高学生的中国现当代文学素养，培养学生的人文意识，增强学生的民族自信心。

四、教学内容概要

序号	内容	理论	上机	实验	实践	总时数
第一编	1917—1927 年间的文学	10				10

续表

序号	内容	理论	上机	实验	实践	总时数
第二编	1928—1937 年间的文学	10				10
第三编	1937—1949 年间的文学	10				10
第四编	1949—1978 年间的文学	10				10
第五编	1979—2000 年间的文学	12				10
期中考核					2	2
合计		52				52

五、正文

第一部分：理论课教学大纲

第一课 "五四"文学革命的兴起与发展

教学要点：

1. 革命文学的兴起和发展

2. 新文学社团与流派

3. 20 年代文学论争

教学时数：3 学时

教学内容：

一、外来文艺思潮的影响，新文学社团与流派

二、20 年代文学论争

授课方式：讲授

考核要求：

1. 外来各种文艺思潮的影响。

2. 文学革命的历史意义。

3. 新文学社团与流派。

第二课 鲁迅文学创作

教学要点：

1. 鲁迅的杂文创作

2.《阿Q正传》和《伤逝》的文学史意义

教学时数：3 学时

教学内容：

一、鲁迅创作道路

二、鲁迅的小说创作

三、鲁迅的杂文

授课方式：讲授

考核要求：

1. 鲁迅小说的思想内容与文学史意义。

2. 鲁迅杂文、散文诗、散文的思想内容和风格特点。

3. 学生熟悉作品《阿Q正传》和《伤逝》。

第三课 郭沫若文学创作

教学要点：

1. 诗集《女神》和历史剧《屈原》

2.《凤凰涅槃》和《炉中煤》的评介

教学时数：3 学时

教学内容：

一、郭沫若创作道路

二、《女神》等诗歌创作

三、《屈原》等历史剧创作

授课方式：讲授

考核要求：

1. 学生了解郭沫若创作道路。

2. 熟悉《女神》等诗歌创作和《屈原》等历史剧创作。

3. 诗歌《凤凰涅槃》和《炉中煤》的创作特色。

第四课　茅盾文学创作

教学要点：

1. 茅盾长篇小说创作

2.《子夜》的评介

教学时数：3 学时

教学内容：

一、茅盾创作道路

二、《子夜》等小说和散文创作

授课方式：讲授

考核要求：

1. 学生了解茅盾的文学创作道路。

2. 熟悉长篇小说《子夜》的思想内容及艺术特色。

第五课　老舍文学创作

教学要点：

1. 老舍的作品及文学史意义

2.《骆驼祥子》《四世同堂》等长篇小说创作

教学时数：3 学时

教学内容：

一、老舍创作道路

二、《骆驼祥子》

三、《四世同堂》等小说和话剧创作

授课方式：讲授

考核要求：

1. 学生了解老舍的文学创作道路。

2. 熟悉老舍长篇代表作《骆驼祥子》的创作。

第六课　巴金文学创作

教学要点：

1.《激流三部曲》等中长篇小说创作

2.《家》《寒夜》的评介

教学时数：3 学时

教学内容：

一、巴金创作道路

二、《激流三部曲》等小说和散文创作

授课方式：讲授

考核要求：

1. 学生了解巴金文学创作道路和散文创作状况。

2. 熟悉巴金代表作《家》的思想内容。

第七课　曹禺文学创作

教学要点：

1. 话剧《雷雨》《日出》《原野》的创作

2.《雷雨》《日出》的评介

教学时数：3 学时

教学内容：

一、曹禺创作道路

二、《雷雨》

三、《日出》

四、《原野》

授课方式：讲授

考核要求：

1. 学生了解曹禺文学创作道路和《原野》《北京人》等话剧创作状况。
2. 熟悉其话剧代表性作品《雷雨》《日出》的思想内容及人物形象塑造。

第八课 沈从文文学创作

教学要点：

1. 《边城》等小说创作

2. 《丈夫》评介

教学时数：3 学时

教学内容：

一、沈从文创作道路

二、《边城》等小说创作

三、《湘西》等散文创作

授课方式：讲授

考核要求：

1. 学生了解沈从文文学创作道路和《湘西》等散文创作状况。
2. 熟悉《边城》的思想内容及人物形象塑造。

第九课 40 年代文学思潮和文学创作

教学要点：

1. 文学论争

2. 张恨水、张爱玲、赵树理等人的创作

教学时数：3 学时

教学内容：

一、国统区文学进程

二、文学论争

三、解放区文学思潮

四、张恨水、张爱玲、赵树理等人的创作

授课方式：讲授

考核要求：

1. 国统区文学进程。

2. 文学论争和解放区文学思潮。

3. 了解张恨水、张爱玲、赵树理等人的创作。

第十课　1949—1976 文学思潮和 50 年代、60 年代小说

教学要点：

1. 柳青、茹志鹃的小说创作

2. 《组织部新来的青年人》评介

教学时数：4 学时

教学内容：

一、50 年代、60 年代文学运动与文学思潮

二、"文革"十年文艺思潮

三、50 年代、60 年代小说概述

四、柳青、茹志鹃的小说创作和《组织部新来的青年人》等小说

授课方式：讲授

考核要求：

1. 学生掌握 50 年代、60 年代的文学思潮，50 年代前期 3 次重大的文艺论争，文艺界的反右斗争，"文革"的发生。

2. 学生了解 50 年代、60 年代小说概述，柳青、梁斌、茹志鹃的小说创作，熟悉《组织部新来的青年人》等小说。

第十一课　50 年代、60 年代新诗戏剧

教学要点：

1. 郭小川、贺敬之、《茶馆》《关汉卿》等戏剧

2. 诗歌《苹果树下》评介

教学时数：3 学时

教学内容：

一、50 年代、60 年代新诗、戏剧、散文概述

二、郭小川、贺敬之、闻捷的诗歌

三、《茶馆》及《关汉卿》等历史剧

四、杨朔、秦牧等的散文创作

授课方式：讲授

考核要求：

1. 学生了解 50 年代、60 年代新诗、戏剧、散文概述。

2. 熟悉郭小川、贺敬之、闻捷的诗歌，《茶馆》、历史剧《关汉卿》，杨朔、秦牧的散文创作。

第十二课　1976—1989 文学思潮和 80 年代小说概述

教学要点：

1. 80 年代的文学思潮

2. 80 年代小说思潮

教学时数：3 学时

教学内容：

一、新时期文学初期的文艺复兴

二、80 年代前期的文学思潮

三、80 年代后期的文学思潮

四、80 年代小说概貌

授课方式：讲授

考核要求：

1. 第四次文代会召开的时间地点，新时期文学初期 2 次重大文艺论争。

2. 学生了解 80 年代前期和 80 年代后期各种文学思潮及论争，80 年代小说概貌。

第十三课　80 年代小说（一）

教学要点：

1. 张洁、汪曾祺的小说创作

2. 《爱，是不能忘记的》《受戒》评介

教学时数：3 学时

教学内容：

一、王蒙

二、刘心武

三、冯骥才

授课方式：讲授

考核要求：

1. 王蒙、刘心武、冯骥才的小说创作及代表作品。

2. 高晓声《陈奂生上城》、张洁《爱，是不能忘记的》和汪曾祺《受戒》。

第十四课　80年代小说（二）

教学要点：

贾平凹、王安忆、莫言的小说创作

教学时数：4学时

教学内容：

一、贾平凹

二、王安忆

三、莫言

授课方式：讲授

考核要求：

1. 学生了解贾平凹、王安忆、莫言的小说创作。

2. 熟悉张承志《黑骏马》、韩少功《爸爸爸》、莫言《红高粱》。

第十五课　80年代新诗戏剧散文

教学要点：

1. 艾青、舒婷、顾城的诗歌，沙叶新、高行健的话剧

2. 诗歌《致橡树》《一代人》《远与近》的艺术特色

教学时数：2学时

教学内容：

一、艾青、舒婷、顾城的诗歌，沙叶新、高行健的话剧

二、诗歌《致橡树》《一代人》《远与近》的艺术特色

授课方式：讲授

考核要求：

1. 学生了解 80 年代新诗、戏剧、散文概貌，艾青、舒婷、顾城等的诗歌创作，沙叶新、高行健的话剧创作，巴金《随想录》和徐迟、理由、陈祖芬的报告文学创作。

2. 熟悉舒婷《致橡树》和顾城《一代人》《远与近》等作品。

第十六课　90 年代文学思潮和小说新诗散文述评

教学要点：

1. "新写实"小说

2. 女性小说

3. 新生代小说

教学时数：4 学时

教学内容：

一、90 年代文学思潮

二、"新写实"小说

三、女性小说

四、新生代小说

授课方式：讲授

考核要求：

1. 90 年代文学思潮概貌，"新写实"创作思潮、"新状态"及其他新现象争论、人文精神和"文化保守主义"话题。

2. 90 年代"新写实"小说，女性小说，新生代小说，掌握"新写实"小说的主要代表作家作品、创作特征。

3. 了解 90 年代新诗和散文的概貌，散文热形成的原因及余秋雨、张承志等人的散文创作。

附录五

《中国现当代文学作品选》教学大纲

《中国当代文学作品选读》教学大纲

一、课程基本资料

课程编号：XXXXXX

适用专业：汉语言文学

主教材：

潘有忠，马生卫．中国当代文学作品选读．北京：中国工商出版社．2013

辅助教材：

无

课程性质：学科平台必修课

学时：54 学时（含期中考核 2 学时）

学分：3 学分

先修课程：无

授课方式：知识传授、技能训练

课程考核：

·平时成绩：____20____％，考核方式：考勤、作业、提问，课堂表现

·期中成绩：____20____％，考核方式：小测试

·期末成绩：____60____％，考核方式：闭卷考试

参考书目：

1. 刘景荣．中国当代文学史．开封：河南大学出版社．1995

2. 孟繁华．中国当代文学发展史．北京：中国人民大学出版社．2009

3. 赵金钟 . 中国当代文学专题教程 . 北京：中国人民大学出版社 . 2011

4. 温儒敏 . 中国现当代文学学科概要 . 北京：北京大学出版社 . 2005

二、课程教学目标、组织形式、考核方式

毕业要求	课程教学目标与毕业要求对应点	教与学的方法	考核方式
一、思想道德与职业素质目标 1. 树立正确的世界观、人生观和价值观，具有坚定的政治立场和政治理论素养； 2. 热爱祖国，拥护中国共产党的领导，维护祖国统一和民族团结； 3. 具有良好的人文素养和强烈的社会责任感； 4. 树立正确的国家观、民族观、历史观、文化观、宗教观，愿为民族地区的教育事业发展贡献力量； 5. 热爱民族教育事业，关爱学生、尊重学生、公正平等对待学生，做学生的良师益友； 6. 树立法律法制观念，遵守职业道德和职业规范； 7. 熟悉国家在少数民族语言文字及文学创作、传播和研究方面的方针、政策和法规； 8. 具有正确的审美观念，有良好的心理素质和健康的体魄。	1. 树立正确的世界观、人生观和价值观，具有坚定的政治立场和政治理论素养； 2. 热爱祖国，拥护中国共产党的领导，维护祖国统一和民族团结； 3. 具有良好的人文素养和强烈的社会责任感； 4. 树立正确的国家观、民族观、历史观、文化观、宗教观，愿为民族地区的教育事业发展贡献力量； 5. 热爱民族教育事业，关爱学生、尊重学生、公正平等对待学生，做学生的良师益友；	1. 教师引导 2. 学生研讨 3. 师生互动	1. 日常交流 2. 课堂提问

续表

毕业要求	课程教学目标与毕业要求对应点	教与学的方法	考核方式
二、知识目标 1. 掌握汉语言文学和人文学科的基本理论和基本知识; 2. 掌握中小学维吾尔语文教育教学的基本规律和方法; 3. 系统、扎实地掌握中国少数民族(维吾尔)语言文学的基本理论和基础知识; 4. 熟悉维吾尔族历史文化,掌握解读和分析中国现代文学作品的方法,形成良好的文学修养; 5. 熟悉中小学教育理论,掌握一定的心理学知识; 6. 熟悉国家和地方的教育方针、政策和法规; 7. 掌握民族区域自治法和党的相关民族政策; 8. 了解民族历史、文化和宗教信仰以及风俗习惯等方面的基本常识。	1. 掌握汉语言文学和人文学科的基本理论和基本知识; 2. 掌握中小学维吾尔语文教育教学的基本规律和方法; 3. 系统、扎实地掌握中国少数民族(维吾尔)语言文学的基本理论和基础知识; 4. 熟悉维吾尔族历史文化,掌握解读和分析维吾尔语言文学作品的方法,形成良好的文学修养; 5. 熟悉中小学教育理论,掌握一定的心理学知识。	1. 教师重点讲授 2. 学生课外阅读 3. 师生问题研讨 4. 及时反馈意见	1. 课外作业 2. 课堂讨论 3. 闭卷考试
三、能力目标 1. 具有中小学语文教学设计、组织和实施的能力; 2. 比较熟练地掌握汉语听、说、读、写、译的技能; 3. 具有利用现代信息资源、信息技术和工具获取相关知识、进行科学研究和从事维语文教育工作的能力; 4. 具有运用专业知识在本领域发现问题、分析问题、解决问题的基本能力; 5. 具有自主学习和终身学习的意识,有不断学习和适应发展的能力; 6. 具有一定的组织管理能力、人际交往能力和团队合作的能力。	1. 具有中小学维吾尔语文教学设计、组织和实施的能力; 2. 比较熟练地掌握汉语听、说、读、写、译的技能; 3. 具有利用现代信息资源、信息技术和工具获取相关知识、进行科学研究和从事维语文教育工作的能力; 4. 具有运用专业知识在本领域发现问题、分析问题、解决问题的基本能力。	1. 教师示范指导 2. 学生加强训练 3. 及时纠错改错 4. 重在能力培养	1. 课外作业 2. 课堂练习 3. 闭卷考试

三、学习建议与要求

1. 认真听讲，做好笔记，积极思考，锻炼能力。

2. 拓展阅读，开阔视野，追根溯源，融会贯通。

3. 注重课堂听讲和课外阅读相结合，理论联系实际。

4. 要求本课程学习与《中国当代文学史》课程联系起来，重点搞清楚中国当代文学史上主要作家、诗人以及他们的代表作品。

四、教学内容概要

序号	内容	理论	上机	实验	实践	总时数
第一章	绪论	2				2
第二章	小说	20				20
第三章	诗歌	14				14
第四章	散文	16				16
期中考核	2				2	
	合计	54				54

五、正文

第一章 绪论

教学要点：中国当代文学的概念、发展阶段、特点。

教学时数：2 学时

教学内容：

第一节：中国当代文学概述

一、中国当代文学的概念

二、中国当代文学的特点

第二节：中国当代文学的发展阶段

一、17 年文学阶段

二、"文革"时期文学

三、新时期文学

第三节：中国当代文学相关研究

一、主要著作介绍

二、主要文章介绍

授课方式：教授为主，讨论为辅，讲解和课堂讨论相结合。

考核要求：

1. 记忆中国当代文学的概念，特点和主要成就。

2. 理解中国当代文学的发展阶段以及它们的特点。

3. 能够运用中国当代文学的特点来理解当代文学作品。

4. 能够运用中国当代文学的特点研究当代文学中的一些相关问题。

第二章　小说

教学要点：

1. 中国当代小说创作概况。

2. 中国当代小说创作的发展阶段。

3. 中国当代文学史上主要小说家以及他们的代表性作品。

教学时数：20 学时

教学内容：

第一节：中国当代小说创作概况

一、中国当代小说创作概况

二、中国当代小说创作的发展阶段

第二节：孙犁

一、生平　二、文学创作

第三节：梁斌

一、生平　二、文学创作

第四节：杨沫

一、生平　二、文学创作

第五节：刘心武

一、生平　二、文学创作

第六节：李国文

一、生平　二、文学创作

第七节：张贤亮

一、生平　二、文学创作

第八节：张洁

一、生平　二、文学创作

第九节：马原

一、生平　二、文学创作

第十节：高晓声

一、生平　二、文学创作

第十一节：贾平凹

一、生平　二、文学创作

第十二节：路遥

一、生平　二、文学创作

授课方式：教授为主，讨论为辅，讲解与课堂讨论相结合。

考核要求：

1. 记忆中国当代文学史上主要小说家以及他们的代表作品。

2. 理解中国当代文学史上小说创作概况。

3. 能够运用中国当代文学小说创作相关知识来解释这一阶段的小说作品。

4. 能够运用中国当代文学小说创作相关知识来研究这一阶段的一般文学相关问题。

第三章　诗歌

教学要点：

1. 中国当代文学诗歌创作概况。

2. 主要诗人。

3. 主要诗歌作品。

教学时数：14 学时

教学内容：

第一节：中国当代文学诗歌创作概述

一、中国当代文学诗歌创作概况

二、中国当代文学诗歌创作发展阶段

三、中国当代文学诗歌创作特点

第二节：胡风

一、生平　二、文学创作

第三节：何其芳

一、生平　二、文学创作

第四节：臧克家

一、生平　二、文学创作

第五节：冯至

一、生平　二、文学创作

第六节：郭小川

一、生平　二、文学创作

第七节：贺敬之

一、生平　二、文学创作

第八节：张洁

一、生平　二、文学创作

第九节：增卓

一、生平　二、文学创作

第十节：牛汉

一、生平　二、文学创作

第十一节：流沙河

一、生平　二、文学创作

第十二节：舒婷

一、生平　二、文学创作

授课方式：教授为主，讨论为辅，讲解与课堂讨论相结合。

考核要求：

1. 记忆中国当代诗歌创作概况。

2. 理解中国当代诗歌创作特点。

3. 能够运用中国当代诗歌创作的特点来解释这一阶段的诗歌作品。

4. 能够运用中国当代诗歌创作的特点来研究这一阶段的一般文学相关问题。

第四章　散文

教学要点：

1. 中国当代文学散文创作概况。

2. 主要散文作家。

3. 主要散文作品。

教学时数：16 学时

教学内容：

第一节：中国当代文学散文创作概述

一、中国当代文学散文创作概况

二、中国当代文学散文创作发展阶段

三、中国当代文学散文创作特点

第二节：冰心

一、生平　二、文学创作

第三节：杨朔

一、生平　二、文学创作

第四节：刘白羽

一、生平　二、文学创作

第五节：秦牧

一、生平　二、文学创作

第六节：郭风

一、生平　二、文学创作

第七节：贺敬之

一、生平　二、文学创作

第八节：巴人

一、生平　二、文学创作

第九节：余秋雨

一、生平　二、文学创作

第十节：赵丽宏

一、生平　二、文学创作

第十一节：周涛

一、生平　二、文学创作

第十二节：梁晓声

一、生平　二、文学创作

授课方式：教授为主，讨论为辅，讲解与课堂讨论相结合。

考核要求：

1. 记忆中国当代散文创作概况。

2. 理解中国当代散文创作特点。

3. 能够运用中国当代散文创作的特点来解释这一阶段的散文作品。

4. 能够运用中国当代散文创作的特点来研究这一阶段的一般文学相关问题。

附录六

《现代汉语》教学大纲

一、课程基本资料

课程编号：XXXXXXXX

适用专业：中国语言文学

主教材：

黄伯荣，廖序东．现代汉语．北京：高等教育出版社．2011

辅助教材：

黄伯荣，李炜．《现代汉语》学习参考．北京：北京大学出版社．2013

课程性质：学科平台必修课

学时：108 学时（含两个学期的期中考核 4 学时）

学分：6 学分

先修课程：无

授课方式：知识传授、技能训练

课程考核：

· 平时成绩：＿＿20＿＿%，考核方式：考勤、作业、提问

· 期中成绩：＿＿20＿＿%，考核方式：闭卷测试

· 期末成绩：＿＿60＿＿%，考核方式：闭卷考试

参考书目：

1. 陆俭明，马真．现代汉语虚词散论．北京：北京大学出版社．1985

2. 徐峰．汉语配价分析与实践．上海：学林出版社．2004

3. 沈家煊．语法六讲．北京：商务印书馆．2011

4. 申小龙 . 现代汉语 . 上海：上海外语教育出版社 . 2011

二、学习建议与要求

1. 认真听讲，做好笔记，积极思考，锻炼能力。

2. 拓展阅读，开阔视野，追根溯源，融会贯通。

3. 注重课堂听讲和课外阅读相结合，理论联系实际。

4. 要求本课程学习与《语言学概论》课程联系起来，重点搞清楚现代汉语在语音、词汇、语法和文字等方面的特点以及与其他语言的主要区别，掌握重点概念、原理、规则和方法。

三、教学内容概要

序号	内容	理论	上机	实验	实践	总时数
第一章	绪论	6				6
第二章	语音	18				18
第三章	文字	12				12
第四章	词汇	16				16
第五章	语法	52				52
期中考核（两个学期）		4				4
合计		108				108

四、正文

第一章　绪论

教学要点：现代汉语、共同语和方言、口语和书面语、文学语言、普通话、汉民族共同语的形成、现代汉语方言概况及现代汉语的特点。

教学时数：6学时

教学内容：

第一节：现代汉语概述

一、什么是现代汉语

二、现代汉民族共同语

三、现代汉语方言

四、现代汉语的特点

五、现代汉语的地位

第二节：汉语规范化和推广普通话

一、国家重视语言文字工作

二、现代汉语规范化

三、推广普通话

第三节：现代汉语课的性质、任务和内容

授课方式：教授为主，练习为辅，讲练结合。

考核要求：

1. 记忆现代汉语的相关概念和基本特点。

2. 理解现代汉语共同语、文学语言、汉语方言、普通话等的来龙去脉。

3. 能够运用现代汉语的概念和方法来回答一般问题。

4. 能够运用现代汉语的特点来说明解释汉语中的某些问题。

第二章　语音

教学要点：

1. 语音的性质、语音单位、汉语记音符号

2. 辅音与声母、元音与韵母

3. 普通话的声调、调类与调值

4. 汉语音节及其结构、汉语拼音方案

5. 汉语音变现象：变调、轻声与儿化

6. 普通话的音位

7. 汉语朗读与语调

8. 汉语的语音规范化

教学时数：18 学时

教学内容：

第一节：语音概说

一、语音的性质

二、语音单位

三、记音符号

第二节：辅音与声母

一、辅音的发音

二、声母的发音

三、声母辨正

第三节：元音与韵母

一、元音的发音

二、韵母的发音

三、韵母的结构

四、韵母辨正

第四节：声调

一、什么是声调

二、调类和调值

三、普通话的声调

第五节：音节

一、音节的结构

二、拼音

三、音节的拼写规则

第六节：音变

一、变调

二、轻声

三、儿化

四、语气词"啊"的音变

第七节：音位

一、音位简说

二、普通话音位

第八节：朗读和语调

一、朗读

二、语调

第九节：语音规范化

一、确立正音标准

二、推广标准音

授课方式：教授为主，练习为辅，讲练结合。

考核要求：

1. 记忆现代汉语语音单位、记音符号、声韵母及其发音特征、音节、音位、音变和汉语声调等项目的相关概念和基本规则。

2. 理解现代汉语语音中相关问题的形成与渊源。

3. 能够运用现代汉语语音规则、注音方法来处理汉语的语音现象。

4. 能够运用现代汉语语音规则及研究方法来研究汉语语音变化中的一般问题。

第三章　文字

教学要点：

1. 汉字的产生及其特点。

2. 汉字的形体及其演变。

3. 汉字的基本结构单位：笔画和部件。

4. 汉字造字法。

5. 汉字的整理及标准化。

教学时数：12 学时

教学内容：

第一节：汉字概说

一、文字的性质

二、汉字的产生

三、汉字的特点

四、汉字的作用

第二节：汉字的形体

一、现行汉字的前身

二、现行汉字的形体

第三节：汉字的结构

一、结构单位

二、笔顺

三、造字法

第四节：汉字的整理和标准化

一、汉字改革问题

二、汉字的整理

三、汉字的标准化

四、汉字的信息处理

第五节：使用规范汉字

一、掌握整理过的汉字

二、纠正错别字

授课方式：教授为主，练习为辅，讲练结合。

考核要求：

1. 记忆汉字特点、汉字造字法、汉字结构、汉字规范化等项目的相关概念和基本规则。

2. 理解现行汉字相关问题的形成与发展。

3. 能够运用汉字基本结构规则来分析处理疑难汉字。

4. 能够运用汉字基本结构规则来分析研究汉字中所包含的文化内容并能够教授汉字知识。

第四章　词汇

教学要点：

1. 词的结构、词汇单位

2. 汉语词义的性质与构成

3. 汉语词语的义项与义素

4. 汉语语义场、近义词、反义词

5. 汉语语境对词义的影响

6. 现代汉语词汇的构成：基本词汇和一般词汇

7. 汉语的熟语：成语、惯用语、谚语、歇后语

8. 汉语词语的规范化和发展变化

教学时数：16 学时

教学内容：

第一节：词汇和词的结构

一、词汇

二、几种词汇单位

三、词的结构

第二节：词义的性质与构成

一、什么是词义

二、词义的性质

三、词义的分类

四、词义的理解与词的运用

第三节：义项与义素

一、义项

二、义素

第四节：语义场

一、语义场

二、同义义场和同义词

三、反义义场和反义词

第五节：词义和语境的关系

一、语境对解释词义的作用

二、语境对词义的影响

第六节：现代汉语词汇的构成

一、基本词汇和一般词汇

二、古语词、方言词、外来词

三、行业语、隐语

第七节：熟语

一、成语

二、谚语

三、惯用语

四、歇后语

第八节：词汇的发展变化和词汇的规范化

一、词汇的发展变化

二、词汇的规范化

授课方式：教授为主，练习为辅，讲练结合。

考核要求：

1. 记忆现代汉语词汇单位、词汇及其结构、词义及其性质分类、义项与义素、语义场、语境、熟语和现代汉语词汇构成等项目的相关概念和基本规则。

2. 理解现代汉语词汇及其结构、词汇发展变化中的相关问题。

3. 能够运用现代汉语造词规则、词语分析方法、语义场知识和熟语知识来处理汉语的词汇及词义问题。

4. 能够运用现代汉语词汇知识及研究方法来研究汉语词汇发展变化中的一些问题。

第五章　语法

教学要点：

1. 语法的性质、语法体系、语法单位、句法成分。

2. 词类的划分、实词与虚词。

3. 短语、短语的结构类型与功能类型、汉语短语的分析、歧义短语。

4. 汉语句法搭配及其常见错误。

5. 现代汉语单句、汉语句型与句类、汉语特殊句型、单句分析。

6. 复句的意义类型和结构类型、多重复句和紧缩复句、复句分析。

7. 汉语句群、复句和段落；句群的类型及句群的分析。

8. 汉语标点符号的种类及其运用。

教学时数：52 学时

教学内容：

第一节：语法概说

一、语法和语法体系

二、语法的性质

三、语法单位和句法成分

第二节：词类（实词）

一、词类的划分

二、实词

三、实词的误用

第三节：词类（虚词）

一、虚词

二、虚词的误用

三、词类小结

第四节：短语

一、短语及其分类

二、短语的结构类型

三、短语的功能类型

四、多义短语

五、短语分析小结

第五节：句法成分

一、主语谓语

二、动语宾语

三、定语

四、状语

五、补语

六、中心语

二、杯点符号的用法

三、标点符号用法的灵活性

四、标点符号的位置

授课方式：教授为主，练习为辅，讲练结合。

考核要求：

1. 记忆现代汉语语法单位、词类及其划分、句法成分、单句、复句和句群等项目的相关概念和基本规则。

2. 理解现代汉语语法及其规则的形成与渊源。

3. 能够运用现代汉语语法分析方法来处理汉语的句法现象，培养汉语单句和复句分析能力。

4. 能够运用现代汉语语法分析及研究方法来研究汉语语法的一般问题。

附录七

《外国文学》专题讲座教学大纲

一、说明

（一）课程性质

本课程为中文系汉语言文学专业必修的专业基础课。

（二）教学目的

通过对本课程的学习，使学生比较系统地了解和掌握外国文学的基本知识，提高阅读、欣赏外国文学作品的水平和分析作品、解决问题的能力，为以后的工作和进一步研究奠定基础。

（三）教学内容

本课程的教学内容主要为从古希腊罗马文学到 20 世纪的欧美文学以及亚非文学基本知识的简要介绍。

（四）教学时数

本课程的总教学时数为 126 学时。

（五）教学方式

本课程采用以多媒体为辅助手段的课堂讲授为主、兼与课堂讨论相结合的教学方式。

二、本文

上编　欧美文学

第一章　古代希腊罗马文学

教学目的和要求：

通过本章的学习，一般性地了解古代希腊罗马文学的概况，重点掌握荷马史诗，希腊戏剧。

教学时数：6 课时

教学内容：

第一节　古代希腊罗马文学概述（2 课时）

古希腊历史概况。古代希腊文学是欧洲文学史的开端。

古代希腊文学的分期：

1. 氏族公社瓦解并向奴隶制过渡时期的文学。主要成就是神话和史诗。希腊神话的内容、意义和特色。

2. 奴隶制城邦国家形成时期的文学。主要成就是抒情诗和动物故事。

3. "古典时期"的文学。主要成就是戏剧和文艺理论。

4. "希腊化"时期的文学。主要成就是"新喜剧"。

古代罗马历史简况。

共和国兴盛时期：戏剧的繁荣（普劳图斯、泰伦斯）。

共和国晚期和奥古斯都时期：罗马文学的黄金时代（西赛罗、维吉尔、贺拉斯、奥维德）。

帝国时期：罗马文学走向衰落（塞内加、塔西陀、普鲁塔克、阿普列尤斯）。

古代罗马文学在欧洲文学史上的意义。

第二节　荷马史诗（2 课时）

荷马与"荷马问题"。史诗的成书过程。史诗的内容。史诗对"荷马时代"希腊社会生活的反映。史诗的人物形象和思想。英雄们为部落集体而战，同时已显露出早期部落贵族的个人意识。史诗中热爱生活、肯定人的力量的思想和乐观主义精神。史诗的艺术特色：结构技巧，人物个性化，宏伟而崇高的风格。史诗的永久性魅力。荷马史诗是欧洲史诗的典范。

第三节　古希腊戏剧（2 课时）

古希腊悲剧起源于民间祭祀酒神仪式的歌舞。古希腊悲剧的发展与民主政治的关系。悲剧演出的形式和基本主题。严肃而不悲的特点。最主要的内容是展示崇高的英雄主义。

古希腊三大悲剧诗人及其代表作。

埃斯库罗斯《被缚的普罗米修斯》的抗暴主题。

索福克勒斯《俄狄浦斯王》中的命运观念，剧本的结构艺术。

欧里庇得斯《美狄亚》对奴隶主民主制危机时期雅典社会矛盾的反映。古希腊喜剧的起源与发展。喜剧的基本内容与结构形式。

"喜剧之父"阿里斯托芬和他的代表作《阿卡奈人》。

考核要求：

1. 了解古希腊罗马文学发展的基本情况。

2. 了解古希腊罗马文学在西方文学发展历史上的重要地位及其渊源、特征。

3. 重点了解和掌握荷马史诗和古希腊三大悲剧诗人的代表作。

第二章　中世纪欧洲文学

教学目的和要求：

通过本章内容的学习，一般性地了解中世纪欧洲文学概况，英雄史诗作为次重点掌握，重点掌握但丁的《神曲》。

教学时数：4 课时

教学内容：

第一节　概述（2 课时）

中世纪初期的欧洲文学。基督教对文化教育的垄断和它对文学的影响。教会文学的基本内容。反映氏族社会末期情况的英雄传说和英雄史诗。盎格鲁·撒克逊人的史诗《贝奥武甫》。中世纪中期的欧洲文学。主要国家高度封建化后的英雄史诗及民间谣曲：《罗兰之歌》《熙德之歌》《尼卜龙根之歌》《伊戈尔远征记》《罗宾汉谣曲》。骑士文学。骑士抒情诗和骑士叙事诗。骑士叙事诗的三大系统：古代系、不列颠系和拜占庭系。

骑士叙事诗对后来欧洲文学的影响。

市民文学和市民戏剧。市民文学的产生与发展，市民文学的内容与讽刺手法，韵文故事与讽刺叙事诗。《列那狐传奇》。故事诗《玫瑰传奇》。笑剧《巴特兰律师》。

第二节　但丁（2 课时）

生平与创作。《新生》的思想内容。但丁的爱国政治理想，反对教皇干预政治，主张祖国统一。

《神曲》由三部分构成——《地狱》《炼狱》《天堂》。《神曲》对中世纪黑暗势力的批判。《神曲》思想上的两重性：中世纪的神学观念和新思想的萌芽并存。《神曲》思想上的两重性与时代的关系。《神曲》的艺术特点。《神曲》是中古文化的哲学与艺术的综合和欧洲近代文学的"序曲"。但丁在欧洲文学史上的地位。

考核要求：

1. 了解中世纪欧美各国的文学发展概况。

2. 了解这一漫长的历史时期文学的基本特征。

3. 重点了解和掌握但丁的创作。

第三章 文艺复兴时期的欧洲文学

教学目的和要求：

通过本章的学习，一般性地了解概述部分的内容。文艺复兴、人文主义、人文主义文学、塞万提斯作为次重点掌握，莎士比亚是本章的重点，也是本学期学习的重点。

教学时数：10 课时

教学内容：

第一节 概述（2 课时）

文艺复兴的性质和时间界定。文艺复兴运动发生的历史条件和社会基础。文艺复兴运动的中心思想是人文主义。人文主义的基本特征。人文主义的积极意义和局限性。人文主义文学是该时期文学的主流，各国人文主义文学发展简况。意大利是新文学的发源地。欧洲人文主义文学最早的代表彼得拉克和薄迦丘。彼得拉克的抒情诗。薄迦丘的《十日谈》；思想内容和对后世文学的影响。

西班牙小说和戏剧的繁荣。流浪汉小说和《小癞子》。

洛卜德·维伽和他的《羊泉村》。

法国文学：拉伯雷和他的《巨人传》。

英国文学：15~16世纪英国历史概况。人文主义文学的繁荣。乔叟、托马斯·莫尔、"大学才子派"、莎士比亚。

第二节　塞万提斯（2课时）

生平与创作。早期的戏剧、诗歌、田园牧场小说。长篇小说《堂吉诃德》第一部和第二部的创作过程。小说中所反映的西班牙社会。堂吉诃德的形象。堂吉诃德性格中的矛盾，堂吉诃德的矛盾是塞万提斯世界观的矛盾以及人文主义理想与西班牙社会现实之间矛盾的反映。桑丘·潘沙的形象。桑丘·潘沙和堂吉诃德两个形象相互映衬的作用。《堂吉诃德》的艺术特点。小说是对骑士小说的讽刺性摹仿。《堂吉诃德》在欧洲文学史上的意义。

第三节　莎士比亚（4课时）

生平与创作道路。创作的分期。

第一时期《以历史剧、喜剧和诗歌为主》：从《理查三世》《亨利四世》《亨利五世》看历史剧的基本思想倾向：歌颂国家统一与贤君。谴责暴君与封建叛乱。喜剧（《威尼斯商》《皆大欢喜》《第十二夜》等）的基本主题：爱情与友谊。十四行诗的主要内容。悲剧《罗密欧与朱丽叶》。喜剧中的浪漫气氛。喜剧中的理想人物。

第二时期（以悲剧为主）：悲剧的主要内容是人文主义理想和丑恶现实之间无法调和的矛盾。《哈姆莱特》《奥瑟罗》《李尔王》《麦克白》。

第三时期（传奇剧）：传奇剧中人文主义信念与"人性感化"方式，《暴风雨》中的"恕道精神"。普洛斯彼罗的形象与莎士比亚晚年的思想矛盾。

《哈姆莱特》：题材的来源。悲剧的思想内容。哈姆莱特形象分析。忧郁与行动延宕问题。哈姆莱特与克劳狄斯斗争的实质。哈姆莱特形象的典型意义。其他人物形象。《哈姆莱特》的艺术特点及莎士比亚的艺术成就。莎士比亚在世界文学史上的地位。

第四节　拉伯雷（2课时）

生平和创作。拉伯雷是法国文艺复兴时期最重要的代表作家。

代表作《巨人传》。它是法国长篇小说的发端。《巨人传》对封建社会多方面的讽刺和批判，影响了后世浪漫主义或现实主义作家。

考核要求：

1. 了解文艺复兴时期欧美各国的文学发展概况。

2. 了解这一时期出现的人文主义的基本特征。

3. 重点了解和掌握塞万提斯、莎士比亚的创作。

第四章　17 世纪欧洲文学

教学目的和要求：

概述部分要求一般了解，其中古典主义文学的特点是本章的次重点，重点掌握莫里哀及其代表作。

教学时数：8 课时

教学内容：

第一节　概述（4 课时）

17 世纪欧洲历史概况。各国政治经济发展不平衡。意、西、德文学呈衰落之势。英国文学取得重要成就。法国文学呈繁荣形势。

英国文学：英国资产阶级革命与英国文学，清教思想对英国文学的影响。弥尔顿的《失乐园》《复乐园》和《力士参孙》的思想意义。

法国文学：古典主义文学产生的政治基础。古典主义文学的特点。重要作家及其代表作。高乃依《熙德》、拉辛《费德尔》《安德罗马克》、莫里哀。

第二节　莫里哀（4 课时）

生平与创作。重要剧作《太太学堂》《唐璜》《愤世嫉俗》《达尔杜弗》《吝啬鬼》《乔治·当丹》《司卡班的诡计》等中的进步思想。《达尔杜弗》。反动教会势力在当时法国政治和人民生活中的影响。剧本的思想意义。达尔杜弗的形象。桃丽娜的形象。奥尔贡的形象。《达尔杜弗》的艺术特点。《达尔杜弗》与古典主义。莫里哀在欧洲戏剧史上的意义。

考核要求：

1. 了解 17 世纪古典主义时期欧美各国的文学发展概况。

2. 了解这一时期出现的古典主义的基本特征。

3. 重点了解和掌握莫里哀的创作。

第五章 18世纪欧洲文学

教学目的和要求：

通过本章的学习，一般性地掌握18世纪欧洲文学概述部分。其中"狂飙突进"、启蒙文学的基本特征和歌德的《少年维特的烦恼》是本章的次重点，重点是歌德的《浮士德》。

教学时数：12课时

教学内容：

第一节 概述（3课时）

18世纪欧洲历史概况。启蒙运动。启蒙主义者的社会政治观点和文艺理论。启蒙文学的基本特征。启蒙文学的政论性、民主性、教育性和现实主义原则。

英国文学：18世纪英国文学最主要的成就是现实主义小说。笛福、斯威夫特、理查生、费尔丁。《汤姆·琼斯》是英国18世纪小说的最高成就。斯泰恩和哥尔德斯密的感伤主义小说。

法国文学：18世纪法国文学和启蒙运动联系密切。孟德斯鸠、伏尔泰、狄德罗、卢梭和他们的主要作品。《波斯人信札》《老实人》《天真汉》《拉摩的侄儿》《修女》《新爱洛漪丝》等作品的思想内容。博马舍的喜剧。

德国文学：18世纪德国历史概况。资产阶级的软弱性。莱辛的剧本《爱米丽雅·迦洛蒂》。"狂飙突进"运动的性质和历史意义。"狂飙突进"运动的主要作家。席勒的《阴谋与爱情》和其他重要作品。

第二节 菲尔丁（2课时）

菲尔丁的生平和创作。他的小说创作对欧洲19世纪批判现实主义文学的发生和发展产生过重大影响。

代表作《汤姆·琼斯》标志着18世纪英国现实主义小说的最高成就；小说所揭示的思想内容和表现出来的艺术特点尤其值得关注。

第三节 卢梭（3课时）

卢梭的生平和创作。他的小说创作对后世的影响不仅在其思想方面，而且在其艺术方面。他作品中的感伤主义倾向直接影响了19世纪初的浪漫主义文学。

小说代表作《新爱洛伊丝》代表着 18 世纪法国书信体小说的最高成就；小说第一次将爱情作为核心内容写进来，而且也在一定程度上尝试了心理描写在小说中的作用。

第四节　歌德（4 课时）

生平与创作道路。早期诗歌、戏剧和小说中反封建和追求个性解放的思想倾向（《普罗米修斯》《铁手骑士葛兹》《少年维特的烦恼》）。《少年维特的烦恼》对德国鄙陋现实的批判，主人公维特形象的进步性和局限性。《浮士德》的构思与开始创作。歌德在魏玛。思想上的妥协性在创作中得以反映，从"狂飙突进"到追求和谐和古典美（《埃格蒙特》《伊菲格尼亚》《塔索》）。歌德对法国大革命的矛盾思想。与席勒合作的十年和创作上的巨大收获。晚年的歌德。《浮士德》的最后完成。

《浮士德》情节、结构与体裁特点。浮士德形象；浮士德形象的深刻思想内涵；浮士德探索中的思想矛盾；靡菲斯特的形象；浮士德与靡菲斯特的辩证关系。玛甘泪的形象。自然人性的具体化。悲剧的思想意义和艺术特点。恩格斯论歌德。歌德在欧洲文学史上的意义。

考核要求：

1. 了解 18 世纪启蒙主义时期欧美各国的文学发展概况。

2. 了解这一时期出现的各种文学思潮、流派及其特征。

3. 重点了解和掌握卢梭、歌德的创作。

第六章　19 世纪初期的欧洲文学

教学目的和要求：

对概述部分要求一般了解，其中"湖畔派"和雪莱是本章的次重点；重点是拜伦、雨果、普希金。

教学时数：10 课时

教学内容：

第一节　概述（3 课时）

19 世纪前 30 年欧洲历史概况。浪漫主义成为文学主流。浪漫主义产生的根源。浪漫主义文学的特点。

德国文学：早期浪漫派和后期浪漫派，他们的保守倾向。霍夫曼和他的《小查克斯》。海涅早期诗歌的浪漫主义的色彩。

英国文学：19世纪初期英国的社会阶级矛盾。"湖畔派"诗人。他们的保守倾向。华兹华斯的诗歌成就。诗歌新倾向的代表拜伦。雪莱的抒情诗和诗剧《解放了的普罗米修斯》。他对未来美好社会的预言。济兹诗歌的成就。历史小说奠基人司各特和他对欧洲一些作家的影响。奥斯丁现实主义小说的成就和意义。

法国文学：夏多布里昂带有异国情调的浪漫主义小说。他创造的患"世纪病"的浪漫主义失望者形象。斯塔尔夫人对浪漫主义文学的宣扬。维尼和拉马丁诗歌中的消极没落情绪。民主诗人贝朗瑞的歌谣诗。司汤达的早期文学实践和文学论文。雨果早期的文学活动。

俄国文学：19世纪初期的俄国。专制制度和农奴制度。社会意识的觉醒。1825年12月党人起义。俄国浪漫主义的产生。茹可夫斯基、早期的普希金。20年代中期普希金转向现实主义。

第二节　拜伦（2课时）

生平与创作道路。早期的讽刺诗。《恰尔德·哈罗德游记》第一、第二章发表获得成功。"东方故事诗"和"拜伦式英雄"。与统治阶级的冲突和斗争。创作中反抗情绪的高涨（《锡庸的囚徒》《卢德派之歌》《普罗米修斯》等）。《罗夫雷德》中的个人反抗与悲观主义。意大利时期的革命活动和创作的发展（《恰尔德，哈罗德游记》第三、第四章、哲理诗剧《该隐》、政治讽刺诗《审判的幻景》和《青铜世纪》等）。长篇叙事诗《唐璜》。拜伦对各国文学的影响。

长诗《恰尔德·哈罗德游记》。哈罗德的形象和抒情主人公的形象。长诗的思想内容。长诗的艺术特点：浓郁的抒情，强烈的感情色彩。叙事成分不占重要地位。对大自然充满感情的描绘。丰富多彩的对比手法。

第三节　雨果（3课时）

生平与创作道路。早期的保守立场。20年代后期的转变。浪漫主义的宣言——《克伦威尔·序言》。《艾尔那尼》的演出。浪漫主义小说的代表作《巴黎圣母院》的思想内容和艺术特色。30 年代的创作高潮和 40 年代的创作低潮。流亡国外。《惩罚集》和其他诗集。流亡期间的小说：《悲惨世界》《海上劳工》《笑面人》《九三年》中的革命与人道主义问题。雨果在法国文学史上的地位。

《悲惨世界》。故事梗概。冉阿让的形象。小说对资产阶级法律、道德的揭露和对劳动人民悲苦命运的同情。小说人道主义主题的积极意义和局限性。

《悲惨世界》的艺术特点。小说的浪漫主义与现实主义问题。

第四节　普希金（2 课时）

生平与创作。普希金抒情诗的艺术成就和风格特色。流放南俄时期的浪漫主义长诗。短篇小说《驿站长》，"小人物"的主题。反映农民起义的长篇小说《上尉的女儿》。普希金在俄国文学史上的地位。《叶甫盖尼·奥涅金》作品的主题思想。奥涅金的形象。奥涅金是"多余人"的典型。达吉亚娜的形象。《奥涅金》是诗体小说。作品中的抒情插笔。《奥涅金》是现实主义的杰作。

考核要求：

1. 了解 19 世纪初期欧美各国的文学发展概况。

2. 了解这一时期出现的各种文学思潮、流派及其特征。

3. 重点了解和掌握拜伦、雨果的创作。

第七章　19 世纪中期的欧洲文学

教学目的和要求：

对概述部分要求有一般了解。本章重点是《红与黑》《双城记》和巴尔扎克全节。巴尔扎克也是本学期的学习重点。司汤达和狄更斯的其他作品以及果戈理、陀思妥耶夫斯基等作家则作为次重点加以掌握。

教学时数：16 课时

教学内容：

第一节　概述（3 课时）

19 世纪 30~60 年代欧洲历史简况。批判现实主义文学成为主流。批判现实主义文学产生的社会基础和思想基础。批判现实主义文学的特征。马克思恩格斯论批判现实主义作家。高尔基论个人反抗者的典型。批判现实主义文学中的人道主义问题。

法国文学：浪漫主义与批判现实主义并驾齐驱。前者以雨果、乔治·桑为代表；后者以司汤达、巴尔扎克为代表。福楼拜的小说，更严格和更客观的现实主义（《包法利夫人》）。

英国文学：30—60 年代英国的社会矛盾。宪章派文学。批判现实主义文学成为主流。代表作家：狄更斯、萨克雷、勃朗蒂姊妹、盖斯凯尔夫人。英国批判现实主义文学的特点。

德国文学：德国早期无产阶级文学和维尔特。海涅发展成为革命民主主义者，创作达到高峰。

俄国文学：俄国批判现实主义产生的社会条件。俄国批判现实主义文学的特点。重要作家：果戈理、屠格涅夫、陀思妥耶夫斯基、托尔斯泰。革命民主派文学家在俄国文学发展中的作用。

第二节　司汤达（2 课时）

生平与创作。司汤达与拿破仑政权。重要作品：《阿尔芒斯》《红与黑》《瓦尼娜·瓦尼尼》《巴马修道院》。司汤达创作的思想倾向和艺术特色。《红与黑》。小说的素材。小说的社会政治内容。于连·索雷尔形象分析。《红与黑》的艺术特点，小说在心理描写上的成就。司汤达在欧洲文学史上的地位。

第三节　巴尔扎克（4 课时）

生平与创作道路。少年和青年时代的社会经验。巴尔扎克的文学生涯《舒昂党人》。参加保王党。巴尔扎克的世界观。《乡下医生》。30 年代初的创作高潮：《高利贷者》《夏倍上校》《欧也妮·葛朗台》《高老头》等。《人间喜剧》的构思与成形。《人间喜剧》的作品分类。《人间喜剧》的基本内容。恩格斯论巴尔扎克和《人间喜剧》。巴尔扎克的现实主义。巴尔扎克在欧洲文学史上的地位。《高老头》。《高老头》在《人间喜剧》中的地位。小说的时代背景。拉斯蒂涅的故事和高老头故事的交织。拉斯蒂涅、高老头、伏脱冷、鲍赛昂夫人等形象。《高老头》的思想意义。《高老头》的艺术成就。人物和环境的典型化。小说的结构技巧。

第四节　狄更斯（3 课时）

生平与创作。狄更斯创作的分期。社会批判的深化和艺术上更加成熟的过程。狄更斯创作的基本主题和思想内容（对资本主义社会中儿童悲惨命运的反映；对黑暗教育制度的揭露；对司法制度的揭露；对劳资矛盾的反映；革命与人道主义的关系等）。狄更斯小说的特点。夸张和幽默。狄更斯在英国文学中的地位。

《双城记》。小说的创作意图。情节的基础——三个互相交织的故事。小说中的人物类型。小说的思想意义。革命暴力与人道主义对立的问题。《双城记》的艺术特点。

第五节　果戈理（2课时）

生平与创作。《狄康卡近乡夜话》的传奇和浪漫主义色彩。《密尔格拉德》中对地主世界的揭露。《彼得堡故事》中对大都市社会矛盾的揭露。"小人物"的主题（《狂人日记》《外套》）。喜剧《钦差大臣》对沙俄官僚制度的揭露。"笑"的艺术。

长篇小说《死魂灵》。小说的情节与结构。五个地主的形象。新兴资产阶级投机家乞乞科夫的形象。小说的思想意义和艺术特点。人物典型化的手法。

第六节　陀思妥耶夫斯基（2课时）

生平与创作道路。"小人物"小说《穷人》。40年代的其他小说。被捕与服刑。服刑期间的思想变化。流放归来。《死屋手记》和《被欺凌与被侮辱的》中的人道主义内容。《罪与罚》的成书过程。《白痴》对贵族资产阶级的揭露。总结性作品《卡拉马佐夫兄弟》，作家思想的复杂性。陀思妥耶夫斯基在世界文学史上的地位。《罪与罚》的故事梗概。对穷苦人民苦难生活的描写。拉斯柯尔尼科夫的形象。其他人物形象。小说的思想意义。小说的论战性。《罪与罚》的艺术特点。小说中的心理描写特色。

考核要求：

1. 了解19世纪中期欧美各国的文学发展概况。

2. 了解这一时期出现的各种文学思潮、流派及其特征。

3. 重点了解和掌握巴尔扎克、陀思妥耶夫斯基的创作。

第八章 19 世纪后期到 20 世纪初期文学

教学要点：

19 世纪后期到 20 世纪初期批判现实主义文学的发展以及主要作家作品。

19 世纪后期非主流文学的主要流派、特征以及主要作家及其代表作品。

教学时数：

（26 学时）

教学内容：

第一节 概述（2 学时）

批判现实主义文学的发展和特点

名目繁多的非主流文学流派的出现。

第二节 法国文学（4 学时）

法国后期批判现实主义文学的特点。

代表作家莫泊桑、福楼拜等的创作。

左拉的自然主义理论及其创作。

第三节 英国文学（4 学时）

英国后期批判现实主义文学的特点。

代表作家哈代、萧伯纳的创作。

第四节 东北欧文学（4 学时）

东北欧批判现实主义文学的产生和发展。

波兰诗人密茨凯维奇的诗歌创作。

丹麦童话作家安徒生的创作。

挪威剧作家易卜生的创作。

第五节 俄国文学（6 学时）

俄国批判现实主义文学的特点和成就。

托尔斯泰的生平和创作。代表作品《安娜·卡列妮娜》《复活》。

契诃夫的生平和创作。代表作品《套中人》《樱桃园》。

第六节 美国文学（6 学时）

美国批判现实主义文学的产生、发展和特点。

主要作家马克·吐温、欧·亨利和杰克·伦敦的创作。

考核要求：

1. 了解 19 世纪后期到 20 世纪初期欧美各国的文学发展概况。

2. 了解这一时期出现的各种文学思潮、流派及其特征。

3. 重点了解和掌握托尔斯泰、马克·吐温的创作。

第九章　20 世纪文学

教学要点：

20 世纪欧美现代主义文学的思想艺术特征、主要流派、代表作家及代表作品。

20 世纪欧美现实主义文学的特点及主要作家作品。

教学时数：

（19 学时）

教学内容：

第一节　概述（3 学时）

20 世纪欧美文学发展概况。

现代主义文学产生、发展及其主要成就。

现实主义文学的发展和成就。

第二节　后期象征主义（1 学时）

后期象征主义的产生、发展及其思想艺术特征。

代表作家艾略特的生平和创作。代表作品《荒原》的思想艺术特征。

第三节　意识流文学（2 学时）

意识流文学的产生、发展及其思想艺术特征。

代表作家乔伊斯、普鲁斯特的生平和创作。代表作品《尤利西斯》《追忆似水年华》。

第四节　表现主义（2 学时）

表现主义文学的产生、发展及其思想艺术特征。

代表作家卡夫卡的生平和创作。代表作品《变形记》。

第五节　存在主义（2 学时）

存在主义文学的产生、发展及其思想艺术特征。

代表作家萨特的生平和创作。代表作品《恶心》。

第六节　新小说派（1 学时）

新小说派的产生、发展及其思想艺术特征。

代表作家罗伯特-格里耶的生平和创作。代表作品《窥视者》。

第七节　荒诞派戏剧（2 学时）

荒诞派戏剧的产生、发展及其思想艺术特征。

代表作家贝克特、尤乃斯库的生平和创作。代表作品《等待戈多》《秃头歌女》。

第八节　黑色幽默（2 学时）

黑色幽默的产生、发展及其思想艺术特征。

代表作家海勒的生平和创作。代表作品《第二十二条军规》。

第九节　魔幻现实主义（2 学时）

魔幻现实主义的产生、发展及其思想艺术特征。

代表作家马尔克斯的生平和创作。代表作品《百年孤独》。

第十节　俄苏现实主义文学（2 学时）

俄苏现实主义文学的产生、发展。

俄苏现实主义文学的成就。

代表作家高尔基、肖洛霍夫的生平和创作。

第十一节　其他各国现实主义文学（2 学时）

其他各国现实主义文学的发展和成就。

代表作家海明威的生平和创作。代表作品《老人与海》。

考核要求：

1. 了解 20 世纪欧美文学的发展概况。

2. 了解和掌握此时期出现的各种文学思潮和流派的思想艺术特征。

3. 重点了解和掌握卡夫卡、萨特、马尔克斯、高尔基、肖洛霍夫、海明威的创作。

下编 亚非文学

第一章 古代文学

教学要点：亚非古代文学基本知识。

教学时数：（3 学时）

教学内容：

第一节 古代亚非文学概述（1 学时）

古代亚非文学的基本特征。

古代亚非文学的发展。

第二节 《圣经》（1 学时）

古希伯来民族与初期基督教。

旧约文学。新约文学。圣经文学的特征。

第三节 印度两大史诗（1 学时）

《罗摩衍那》和《摩诃婆罗多》是印度在列国纷争时代社会现实的艺术的反映。

《罗摩衍那》和《摩诃婆罗多》的文本流动性。

考核要求：了解亚非古代文学的主要成就，了解《圣经》及印度两大史诗的内容与文学史上的地位。

第二章 中古文学

教学要点：亚非古代文学基本知识。

教学时数：（4 学时）

教学内容：

第一节 中古亚非文学概述（1 学时）

中古亚非文学的基本特点。

中古亚非文学的发展。定型成书于 16 世纪的民间文学经典《一千零一夜》。

第二节 印度：迦梨陀娑及其《沙恭达罗》（1 学时）

迦梨陀娑的生平和创作。

代表作《沙恭达罗》是 7 幕剧。歌德《浮士德》开头的"舞台序曲"就是有意模仿《沙恭达罗》的序幕，该剧在全世界影响深远。

第三节　日本：紫式部及其《源氏物语》（1学时）

紫式部的生平和创作。

代表作《源氏物语》。《源氏物语》是世界上最早的长篇小说之一。

第四节　波斯：萨迪及其《果园》与《蔷薇园》（1学时）

波斯文学上千年的发展历史概述。

被称为"语言巨匠"的萨迪与其著名叙事诗《果园》与《蔷薇园》。

考核要求：了解亚非中古文学的主要成就，掌握几位重要作家作品的主要内容及其在文学史上的意义。

第三章　近现代文学

教学要点：亚非古代文学基本知识。

教学时数：（8学时）

教学内容：

第一节　近现代亚非文学概述（1学时）

近现代亚非文学的基本特点。

近现代亚非文学的发展。

第二节　日本文学（2学时）

近代作家夏目漱石及其代表作《我是猫》。

现代作家川端康成及其代表作《雪国》。

第三节　印度文学（2学时）

泰戈尔及其代表作《吉檀迦利》

普列姆昌德及其代表作长篇小说《戈丹》。主人公何利的一生艰苦的深刻蕴涵。

第四节　黎巴嫩现代作家纪伯伦及其《先知》（1学时）

纪伯伦的生平和创作。

代表作抒情哲理性散文集《先知》小说式故事框架、思想内容及艺术特征。

第五节　埃及当代作家马哈福兹及其（1学时）"开罗三部曲"（《宫间街》

《思宫街》和《甘露街》）

马哈福兹的生平和创作。

代表作《宫间街》三部曲。

第六节 非洲作家：尼日利亚的索因卡及其《解释者》（1 学时）

首位荣获诺贝尔文学奖的非洲作家索因卡的生平和创作。

《解释者》。它是反映 1966 年内战前的社会现实的全景式的长篇小说，同时又是一部内涵丰富、立意深刻的哲理小说。

考核要求：了解亚非近现代文学的主要成就；代表作家川端康成、泰戈尔等人的代表作品的思想内容及艺术特点。

三、参考书目：

1. 朱维之主编，《外国文学史》（欧美卷），南开大学出版社，1994 年 1 月第 2 版。

2. 朱维之主编，《外国文学史》（亚非卷），南开大学出版社，1998 年 10 月第 2 版。

3. 《外国文学教学参考资料》选编组，《外国文学教学参考资料》（1—5），福建人民出版社，1980 年 6 月第 1 版。

4. 张玉书主编，《二十世纪欧美文学史》（1—4），北京大学出版社 1995 年 9 月第 1 版。

附录八

《民间文学概论》教学大纲

一、说明

（一）课程性质

《民间文学概论》是一门专业必修课。

（二）教学目的

《民间文学概论》课程的主要教学目的和任务是：结合民间文学的基本知识、基本理论，系统讲授民间文学的性质、特征及在社会生活和文学史上的地位和作用，通过阅读维吾尔民间文学的代表作品，培养同学对民间文学的兴趣和搜集整理、调查研究的基本技能，端正对劳动人民创作的态度，为进一步学习和研究民间文学打好初步基础。

（三）教学内容

《民间文学概论》课程有两大部组成：第一部，将结合民间文学的基本知识、基本理论，系统讲授民间文学的性质、特征、在社会生活和文学史上的地位和作用以及民间文学作品的搜集整理、调查研究的基本技能。引导学生树立关于民间文学研究的学术意识和发现问题意识。第二部，以民间文学的体裁分类为基础，讲授神话、传说、民间故事、寓言、笑话、歇后语、民谣、谚语、谜语以及民间长篇诗的基本概念、性质、主题内容、形式特点及艺术特征等方面。通过阅读民间文学的代表作品，培养同学对民间文学的兴趣、端正对劳动人民创作的态度，为进一步学习和研究维吾尔民间文学打好初步基础。

（四）教学时数

本课程是一个学期，一周一次，36课时。

（五）教学方式

理论与实践相结合的教学方法是本课的主要授课方式。除此之外，广泛地采用课堂讨论、问答等各种形式，活跃课堂气氛。

二、本文

绪论

教学内容：

1. 教学目的、内容与要求

2. 民间文学研究现状和存在的问题

3. 民间文学的现代走向

4. 全球化语境下民间文学研究的目的与意义

教学要求：树立学习民间文学课程的端正态度，了解民间文学研究现状和存在的问题，掌握学习与研究的目的和意义。

学时分配：共 2 个学时

第一章　民间文学及其特征

教学内容：

1. 民间文学及其分类

2. 民间文学的特征

教学要求：理解并掌握民间文学的科学定义、研究范围、不同角度的分类方法以及民间文学的口头性、集体性、传承性、变异性等基本特征。

学时分配：共 4 个学时

第二章　民间文学的价值

教学内容：

1. 民间文学的实用价值

2. 民间文学的科学价值

3. 民间文学的文学价值

教学要求：通过这一章的学习，要求学生了解民间文学在人们生产劳动、阶级斗争、日常生活当中所起的重要作用，掌握民间文学作品在研究劳动人民的历史与自然科学、社会科学中的重要价值和民间文学作品的艺术手段对作家文学产生的深远影响。

学时分配：共 4 个学时

第三章　民间文学的搜集及整理问题

教学内容：

1. 民间文学搜集、整理工作的历史状况及目的

2. 民间文学搜集、整理的基本原则

教学要求：通过这一章的学习，要求学生理解我国民间文学搜集的历史与现状，掌握全面搜集、忠实记录、科学整理的工作方法和要遵守的基本原则。领会民间文学资料的保存与保管工作的重要性和基本工作要求。

学时分配：共 4 个学时，课堂讲述 3 个学时、讨论一个学时

第四章　神话与传说

教学内容：

1. 神话

2. 传说

教学要求：掌握神话与传说的概念、起源、分类以及神话的价值、传说的特征。与上述理论相结合对神话与传说进行分析。

学时分配：共 6 个学时

第五章　民间故事

教学内容：

1. 民间故事概念、特点及其分类

2. 民间故事的主要内容

3. 民间故事中的传统人物形象

4. 民间故事的艺术特征

教学要求：掌握民间故事的概念、产生、特点及其分类法等理论知识。理解幻想故事、动物故事、生活故事和讽刺故事的主要内容，解读民间故事中的

普通人物形象，拟神化的人物形象、拟人化的动物形象和神奇的众物形象的特点，掌握民间故事的故事情节、幻想因素及语言运用特征。

学时分配：共 10 个学时，课堂讲述 9 个学时，讨论 1 个学时

第六章　民间寓言、笑话及恰克恰克

教学内容：

1. 寓言

2. 笑话

3. 恰克恰克

教学要求：掌握寓言、笑话、恰克恰克的概念、起源和特征。了解阿凡提及其他民间笑话创始者的笑话创作特点。

学时分配：共 8 个学时

第七章　民间歌谣

教学内容：

1. 歌谣及其分类

2. 歌谣的主要内容

3. 歌谣的艺术特征及其类型结构

教学要求：掌握与歌谣有关的几个术语的定义，《突厥语大辞典》等文献中记载的歌谣的基本情况，劳动歌谣、习俗歌谣、时政歌谣、爱情歌谣、生活歌谣、儿童歌谣中体现的主要内容，民间歌谣的艺术欣赏价值、修辞与用法及类型结构。

学时分配：共 12 个学时，课堂讲述 10 个学时，实践环节 2 个学时。

第八章　谚语和谜语

教学内容：

1. 谚语

2. 谜语

教学要求：掌握谚语的概念、特点，民间谚语的类型结构，艺术特征，民

间谜语的产生、特点，谜语的歌谣型谜语、句子型谜语、故事型谜语等形式几个形式的特点，谜语的艺术特征等理论知识。

学时分配：共6个学时。

第九章　民间长诗

教学内容：

1. 英雄史诗

2. 爱情长诗

3. 时政长诗

4. 民间长诗的艺术特征

教学要求：掌握民间长诗的概念、特征，民间长诗的英雄史诗、爱情长诗、时政长诗等形式，英雄史诗的特点及民间文学中的部分英雄史诗的内容，爱情长诗的幻想爱情长诗、现实爱情长诗等类型，时政长诗的关于个人经历的长诗和关于历史事件的长诗等两种主要类型的内容，民间长诗的类型结构与塑造形象的手段等内容。

学时分配：共10个学时，课堂讲述9个学时，讨论1个学时。

五、考核方式

作业和考核方式：

作业：要求学生阅读上述参考书和各类民间文学作品以及积极准备参加课堂讨论。

考核：期中每位学生写出并递交一篇具有一定见解的论文。期末进行笔试闭卷考试。考试总成绩以平时成绩的10%，期中考察成绩的20%，期末考试成绩的60%相加来计算。

六、课程选用教材及教学参考书目

（一）课程选用教材：

万建中：民间文学引论．北京大学出版社，2006年7月第1版，2017年4月第10次印刷．

（二）教学参考书目：

1. 毕桪主编：《民间文学概论》（汉文），民族出版社，2004年10月，第一版

2. 黄涛主编：《中国民间文学概论》（汉文），中国人民大学出版社，2004年6月，第一版。

3. 现已出版的民间文学各类体裁作品集。

附录九

《美学概论》教学大纲

美学原理教学大纲

一、说明

（一）课程性质

美学原理是汉语言文学专业的基础理论课与专业必修课。

（二）教学目的

通过这门课程的学习，使学生掌握有关美学的基础知识和基本理论，懂得美学的基本规律，正确认识和把握古今中外的美学现象，树立科学的审美观，提高学生的审美素质，培养学生的审美能力。

（三）教学内容

本学科的基本内容包括审美活动的两个方面：审美客体和审美主体。属于审美客体方面的内容有：美本质及形态（社会美、自然美、艺术美、形式美）、美的类型（优美与崇高、悲剧与喜剧）；属于审美主体方面的内容有：美感的本质特征，美感的心理因素，美感的差异性、普遍性以及美育，即如何培养正确的审美观与欣赏美、创造美的主体能力。

（四）教学时数

72 学时

（五）教学方式

讲授与互动结合。

二、本文

第一章　绪论

教学要点：

美学学科的特点、作用与意义；美学的研究对象。

教学时数：

4学时

教学内容：

第一节　美学的历史与现状（2学时）

1. 美学的历史：审美意识；美学思想；美学。

2. 美学的现状。

3. 美学的研究对象是审美活动中的客体、主体以及主客体的辩证关系。

第二节　美学的目的和意义（2学时）

1. 目的：培养和提高学生的审美能力。

2. 意义：日常生活的审美化。

考核要求：

理解美学的学科性质；掌握美学学科现状。

第二章　美的本质与特征

教学要点：

美与丑的相互关系；美和真善的相互关系；美的本质；美的主要特征。

教学时数：

4学时

教学内容：

第一节　美的本质（1学时）

1. 美的事物离不开一定的感性形式，但决定事物美的性质的，并不是感性形式本身，而是由于在这种感性形式中蕴含着一种人类最珍贵的特性——自由创造。

2. 自由创造是人类的珍贵特性：（1）自由自觉的活动是人类区别于动物的本质特征。人类的创造是一种自由自觉的活动。（2）自由创造是人类社会存在和发展的基础。（3）人在自由创造的过程中还发展了人本身。正是由于事物的感性形式显现了人的自由创造，才唤起人的喜悦。美是人类自由创造的生活呈现。

3. 自由创造在美的各个领域中的表现形式具有不同特点。

第二节　美和真善（1学时）

1. 真、善、美的统一。作为实践成果看，真、善、美是同一客观对象密不可分的三方面。真、善、美三者的结合以实践为基础。

2. 美以真善为前提，但美不等于善。美与真善的区别的具体分析。

第三节　美和丑（1学时）

1. 丑是在感性形式中包含着一种对生活、对人的本质具有否定意义的形象。

2. 丑与恶的联系和区别。

3. 美与丑的关系：相互依存性；相互转化性。

第四节　美的主要特征（1学时）

1. 形象美。形象是美的载体，美的事物都是以其鲜明生动的形象（由色彩、线条、形体、声音等形式因素构成）诉诸人的感受，由于美的个体性，表现为美的多样性、丰富性。

2. 感染性。美的形象是一种在情感上具有感染力的肯定形象。

3. 创造性。美的形象中蕴含着人类最珍贵的特征——自由创造。

4. 潜在的功利性。美的事物中功利性是间接存在的；善升华为形象，深化在形象中。

5. 形式的整体性。人们在创造美中自觉地运用形式规律，形成整体的和谐。

考核要求：

识记真善美的涵义；理解美的本质与人的本质的关系；理解美丑关系。

第三章 美的产生

教学要点：

美的产生和发展的一般历史过程；美的产生和发展的一般历史规律。

教学时数：4 学时

教学内容：

第一节 从石器的造型上看美的产生

第二节 从古代"美"字的含义看美的产生

第三节 从彩陶造型和纹饰看美的产生

分别从石器造型、美学的含义以及彩陶造型和纹饰三个方面分析美的产生的历史过程，得出以下结论：

1. 美产生于劳动，劳动是美产生的最终根源；

2. 在美的产生过程中使用价值先于审美价值；

3. 从使用价值到审美价值的过渡中，人类的观念情志起了中间环节的作用；

4. 在生产实践中主体与客体的辩证关系。

考核要求：

分别从石器造型、美学的含义以及彩陶造型和纹饰三个方面分析美的产生的历史过程。

第四章 社会美

教学要点：

社会美的一般特征；劳动产品的美和环境美的内涵及特点。

教学时数：4 学时

教学内容：

第一节 社会美的本质（2 学时）

1. 社会美是指社会生活中的美，经常表现为各种积极肯定的生活形象。

2. 社会美不仅根源于实践，而且本身就是实践的最直接表现。

3. 社会美与善有密切联系，但不同于善。

第二节 人的美（1 学时）

1. 人的美和理想有紧密的联系。

2. 人的美重在内容：人的美是一种积极肯定的生活形象，直接体现人的自由创造；群体主体的美；个体主体的美；人物形象的美是内容和形式的统一，并侧重于内容。

第三节　劳动产品的美和环境美（1 学时）

1. 劳动产品美的特点：（1）劳动产品的美是人的创造、智慧和力量的物化形态；（2）劳动产品的美，一般都是美和实用的结合，是在实用的基础上追求美。

2. 人和环境的辩证关系。环境的设计既要考虑生活实用的需要，又要考虑审美的需要，一般说来都是在实用的基础上讲求美观。

考核要求：

识记审美理想；理解社会美的本质；掌握人的美。

第五章　自然美

教学要点：

自然美的特征；自然美的根源是一定社会实践的产物。

教学时数：4 学时

教学内容：

第一节　美学中的一个难点（1 学时）

1. 自然美是在人类生活中历史形成的一种自然的审判特性。自然美是社会性和自然性的统一。自然美的主要特点是侧重于形式美，以自然原有的感性形式直接唤起人的美感。

2. 自然的特征是自然美的必要条件（特质基础）。

第二节　自然美是一定社会实践的产物（1 学时）

从自然美产生和发展的具体历史过程可以证明，自然美根源于实践中人和自然关系的变化。随着实践的发展，在改造自然中人和自然的联系愈来愈密切，自然事物才愈来愈多地成为人的对象，并使人感到兴趣。在此基础上，自然美的领域不断扩大。

第三节 自然美的各种复杂现象及其根源（2 学时）

1. 自然美主要有两种现象：一种情况是经过劳动改造的自然美（如荒山绿化）；另一种情况是未经改造的自然美（如天空、大海）。

2. 未经劳动改造的自然成为审美对象有多种原因，如：作为人类生活环境而出现；通过形式美的中介（自然特征与生活中美的事物在形式上具有某种相似处，即可成为美的对象）；自然的某些属性与人的美好品质、性格相似。

考核要求：

掌握自然美的特征；分析自然美的根源。

第六章 艺术美

教学要点：

艺术作品与实用产品的区别；艺术分类的原则和各类艺术的审美特征；艺术美与现实美的关系；艺术美是艺术家创造性劳动的产物。

教学时数：4 学时

教学内容：

第一节 艺术美是艺术的一种重要特征（2 学时）

1. 艺术不直接为了满足实用的需要，而是在满足人们的审美需要中，给人以精神的影响。

2. 艺术美是生活的能动反映，是艺术家创造性劳动的产物，比生活更集中，更有典型性。

3. 艺术美能积极反作用于社会生活，为社会生产及实践服务。

第二节 生活是艺术创造的基础（1 学时）

1. 生活是艺术想象的土壤。

2. 生活孕育了艺术家的激情。

3. 生活推动了艺术家技巧的形成和发展。

第三节 艺术美是艺术家创造性劳动的产物（1 学时）

1. 从生活到艺术是一个典型化的创造过程。在此过程中，概括化与个性化同时进行。创造是艺术的生命。

2. 艺术家创造性劳动的标志：首先表现在从生活感性到意象的形成；其次是意象的孕育变成作品中的形象。

考核要求：

识记艺术美的本质；分析艺术美与现实美的联系。

第七章　意境和传神

教学要点：

意境和传神的内涵。

教学时数：4 学时

教学内容：

意境（2 学时）

1. 意境的内涵：在情景交融的基础上所形成的一种艺术境界。它具有象外之象的特点，能在有限中展示无限。

2. 意境的产生：意境产生于艺术家的创造，完成于欣赏者的想象。需要欣赏者进行积极的再创造。

第二节　传神（2 学时）

传神的内涵：在艺术中主要指通过形象的外部特征表现其内在精神，把对象的本质特征与艺术家的思想感情融为一体的一种美的境界。

传神的特点：形似与神似的统一；对象的本质特征与艺术家的思想感情的统一；个性与共性的统一。

考核要求：

掌握意境和传神的内涵与特征；理解神和形的辩证关系。

第八章　艺术的分类及各类艺术的审美特征

教学要点：

艺术的分类及各类艺术的审美特征

教学时数：4 学时

教学内容：

第一节　艺术分类的原则（2 学时）

第二节　艺术的分类及各类艺术的审美特征（2 学时）

1. 艺术分类的原则和依据。

2. 各类艺术的审美特征。

考核要求：

掌握艺术的分类标准；能分析各类艺术的审美特征。

第九章　形式美法则

教学要点：

形式美的特征；形式美主要法则的内涵。

教学时数：4 学时

教学内容：

第一节　形式美的特征（2 学时）

1. 形式美的内涵：指各种形式因素（色彩、线条、形体、声音等）有规律的组合。

2. 形式美的特征：概括地体现了美的事物在形式上的共同特征，带有一定的抽象性；对于美的事物的具体内容来说，具有相对独立意义；存在于艺术美、社会美、自然美中，往往与事物的自然属性相联系。

形式美主要法则（2 学时）

1. 整齐一律

2. 对称均衡

3. 调和对比

4. 比例

5. 节奏韵律

6. 多样统一

考核要求：

识记形式美的内涵；理解形式美在创造中的意义。

第十章　优美和崇高

教学要点：

现实生活与艺术作品中崇高的表现；优美与崇高的不同特点。

教学时数：4学时

教学内容：

第一节　优美与崇高的对比（2学时）

1. 优美的特点：美处于矛盾的相对统一和平衡状态，在形式上表现为柔媚、和谐、安静与秀雅的美；在美感上，能给人以轻松、愉快和心旷神怡的审美感受。

2. 崇高的特点：美处于主客体的矛盾激化中，具有压倒一切的强大力量和巨大体积，是一种不可阻遏的强劲的气势；在形式上往往表现为一种粗犷、激荡、刚健、雄伟的特征。在美感上给人以惊心动魄的审美感受。

第二节　崇高的表现（2学时）

1. 现实生活中的崇高。在社会生活里，崇高主要体现为主体在严重实践斗争中所显示的强大力量。自然的崇高，虽不全在自然对象的本质属性，但是自然对象的巨大的体积和力最以及粗放不羁的形式等，都对形成崇高的对象起积极的作用。

2. 艺术中的崇高。艺术中的崇高是现实生活中崇高的能动反映。在艺术作品里，崇高作为一种昂扬的激情和悲愤不平，表现得愈是激烈，愈加显得崇高.

考核要求：

重点掌握优美与崇高的内涵和不同特点；能辨识生活与艺术中的崇高与优美。

第十一章　悲剧

教学要点：

悲剧艺术的类型、悲剧艺术的含义；喜剧艺术的特征和多样形式；悲剧和喜剧这两个美学范畴的本质内涵。

教学时数：4学时

教学内容：

第一节 悲剧的本质（2学时）

1. 恩格斯在评论拉萨尔的历史剧本《济金根》时曾说，悲剧是"历史的必然要求与这个要求的实际上不可能实现之间的悲剧性的冲突"。

2. 鲁迅先生曾说："悲剧将人生的有价值的东西毁灭给人看。"

第二节 悲剧艺术的类型（2学时）

1. 悲剧艺术的几种主要类型：

（1）历史上英雄人物的牺牲；

（2）新事物在成长中受摧残或由于自身弱点而遭到失败；

（3）在私有制条件下善良的普通人民的不幸和苦难；

（4）旧事物、旧制度还有存在的合理性时它的灭亡也带有悲剧性。

2. 悲剧艺术的意义：

（1）认识生活道路上充满了矛盾、曲折、艰苦的斗争，为了实现伟大的理想，经常需要付出代价。

（2）学习英雄人物在严重的实践斗争中所表现出来的崇高品质和巨大的精神力量。

（3）采取正确态度辩证看待美丑。

考核要求：

识记悲剧的涵义；掌握悲剧的主要类型。

第十二章 喜剧

教学要点：

喜剧的本质；讽刺与幽默的关系。

教学时数：4学时

教学内容：

第一节 喜剧的本质（1学时）

喜剧根源于现实生活中的矛盾冲突，是在倒错乖讹、自相矛盾中显示真理，肯定美、否定丑。

第二节 （2学时）喜剧艺术的特征是"寓庄于谐"，"庄"指喜剧的主题思想体现了深刻的社会内容。"谐"指主题思想的表现形式是诙谐可笑的。

第三节　喜剧形式的多样性（1学时）

1. 喜剧形式有讽刺和幽默。

2. 讽刺和幽默的不同特点。

考核要求：

识记喜剧的本质；理解讽刺与幽默的区别。

第十三章　美感的本质和特征

教学要点：

美学史上关于美感本质问题的不同见解；本教程对美感本质的理论分析，美感的特征。

教学时数：4学时

教学内容：

美感的形象直接性（2学时）

1. 西方美学史上对美感本质问题的看法。

2. 美感根源于社会实践。

3. 人类在对象世界中看到人的自由创造活动，因而在精神上体验到一种特殊的快感和喜悦。这就是美感的本质。

4. 美感所产生的精神愉悦有丰富的内涵。从层次上看，生理快感、心理愉悦，一直到人生哲理的领悟，都属于美感愉悦的内容；从形态看，它既有优美带来的轻松、愉快，又有崇高带来的惊赞、庄严。

第二节　美感的精神愉悦性（1学时）

1. 直觉与理性的统一。所谓直觉指审美者在瞬间对审美对象的一种不加思索的把握和领悟。在这种直觉形式中蕴含着理性内容。

2. 生理快感与心理愉悦的统一。美感是在感性直观中所产生的精神愉悦，它不能脱离人的感觉。美感是和生理快感相结合的愉悦感。

第三节　美感的潜伏功利性（1学时）

非功利性与功利性的统一。美感在无功利的形式中发挥着社会功利作用、精神功利作用。

考核要求：

重点掌握美感的本质和特征。

第十四章 美感的心理因素

教学要点：

审美心理因素既有与普通心理相同的活动规律，又有自己独特的规律；审美心理因素的性质、特点、作用及其相互关系。

教学时数：4 学时

教学内容：

第一节 感知、感觉和表象（1 学时）

1. 感觉的概念和特征。

2. 知觉的概念和特征。

3. 表象的概念和特征。

第二节 联想和想象（1 学时）

1. 联想的概念和特征。

2. 想象的概念和特征。

3. 想象的分类：创造性想象与再造性想象。

第三节 情感（1 学时）

第四节 理解（1 学时）

考核要求：

掌握感知、感觉、表象、联想、想象、情感和理解在美感中的作用。

第十五章 美感的个性与共性

教学要点：

美感个性和共性的各种表现及其相互关系；美感客观标准的含义；美感的相对性和绝对性的关系。

教学时数：4 学时

教学内容：

第一节 美感的差异性（2 学时）

1. 不同阶级由于不同的阶级地位、世界观形成美感的差异。

2. 同一阶级内部由于各人生活道路、经历、性格、文化教养的不同形成美感的差异。

3. 同一个人在不同心境下对同一事物的美感也会出现差异。

第二节　美感的普遍性（2 学时）

1. 欣赏自然美、形式美中的共同美感。

2. 各个不同阶级在特定历史条件下由于共同利益对生活可能产生某种共同美感。

3. 由于不同因素的影响（如地理环境、风俗习惯、历史文化传统等）也能形成共同美感。

考核要求：

了解美感差异性与普遍性的形成原因。

第十六章　现代西方审美心理学主要流派介绍

教学要点：

现代西方审美心理学主要流派的代表人物和代表观点。

教学时数：4 学时

教学内容：

"移情说"（1 学时）

"心理距离说"（1 学时）

"直觉说"（1 学时）

"格式塔心理学"派（1 学时）

"心理分析学"派（1 学时）

考核要求：

现代西方审美心理学主要流派的代表人物和代表观点。

第十七章　美育

教学要点：

美学史上关于美育问题的观点；美育的本质特征、任务、意义及其实施的途径和方法。

教学时数：4学时

教学内容：

第一节　美学史上对美育的论述（1学时）

1. 中国古代关于美育的论述

2. 西方古代关于美育的论述

第二节　美育的本质特征（1学时）

1. 以情感人，理在情中。

2. 美育以生动鲜明的形象为手段。

3. 美育是在个人爱好兴趣的形式中、在娱乐中接受教育。

第三节　美育的意义、任务及其实施（1学时）

1. 培养全面发展的新人是时代的要求：培养审美主体欣赏美、创造美的能力，激发创造美的才智，提高和陶冶审美主体的情操，促进人们全面发展。

2. 美育的基本任务：培养正确的审美观、人生观、世界观；培养审美的敏感度；培养欣赏美、创造美的能力。

第四节　美育的实施（1学时）

1. 美育的途径：家庭、学校、社会。

2. 美育的方法

考核要求：闭卷考试

重点掌握美育的本质待征

参考书目：

《美学原理》，北京大学出版社1987年版。

朱光潜：《谈美》，安徽教育出版社1997年版。

朱光潜：《文艺心理学》，安徽教育出版社1996年版。

［德国］阿多诺著，王柯平译：《美学理论》，四川人民出版社1998年版。

宗白华：《美学与艺境》，人民出版社1987年版。

叶朗：《现代美学体系》，北京大学出版社1999年版。

李泽厚：《美学三书》（《美的历程》《美学四讲》《华夏美学》），安徽文艺出版社1999年版。

朱立元主编：《美学》，高等教育出版社2001年版。

张法、王旭晓主编：《美学原理》，中国人民大学出版社2005年版。

张法著：《美学导论》，中国人民大学出版社1999年版。

彭锋著：《美学的意蕴》，中国人民大学出版社2000年版。

杨春时著：《美学》，高等教育出版社2004年版。

彭富春主编：《美学》，武汉大学出版社2005版。

薛富兴著：《美学》，安徽教育出版社2006年版。

封孝伦：《人类生命系统中的美学》，安徽教育出版社1999年版。

朱光潜：《西方美学史》（上、下），人民文学出版社1963年版。

朱立元主编：《现代美学史》，上海文艺出版社1993年版。

叶朗：《中国美学史大纲》，上海人民出版社1985年版。

曹鹏志、张胜冰：《实用美学》，云南大学出版社1993年版。

罗筠筠：《审美应用学》，社会科学文献出版社1998年版。

（本教学大纲参考于×××学院宋占海副教授的《美学概念》大纲）

后 记

    本书收录的论文都是在高校教育教学中所思所想所总结的一些想法和思考。高校教育涉及面广，内容丰富，领域较少。本书是以中国语言文学本科教育为主，以课程教学为切入点，提出自己的一些教学思路和教育观。

    本书的大部分论文，是本人撰写的。其中《论基础汉语教学中存在的问题及其对策》和《如何讲好中国当代文学中的"朦胧诗"现象文献综述》等篇是和同事黎小力老师和我学生阿卜杜外力·艾萨一起合作撰写的，在此向他们表示感谢。在讨论《文学理论》《中国文化概论》《中国现代文学》教学之时，我参考了童庆炳、张岂之和李明军等学者主编的教材，也引用了百度一些学习参考资源。附加书后的一些教学大纲除了用自己编写的教学大纲之外，又参考了杨德明、陈召荣、宋占海、张丽、凯丽比努尔、帕尔亥提艾提和热依汗古丽等同事的相关课程教学大纲，在此向这些学者作者和同事一并表示感谢。

    本书的出版获得西北民族大学中央高校基本科研业务费专项资金（Supported by the Fundamental Research Fund for the Central Universities）的资助，在此表示由衷感谢。

    本书是一线教学实践的经验和总结。从学术上来看，研究水平并不高，但从资料性和应用性来看，有一定的参考价值。作为本人第一部教学论文集，二十年高校从事本科中国语言文学的初步研究成果，还有很多不尽如人意的地方，今后需要在广大同行专家的指点和鞭策下不断改进。

　　本书若能够引发同行对本科语文教学一些课堂教学方法和教学设计启发和思考，我将会感到无比欣慰。

阿克

2020 年 5 月 20 日于兰州五泉山脚下